幼儿园课程资源
开发与利用 丛书

丛书主编　钱月琴

桑蚕园

主　编　陈小平　张　艳　沈凤娟　沈静雯

苏州大学出版社

图书在版编目(CIP)数据

桑蚕园 / 陈小平等主编. -- 苏州：苏州大学出版社，2023.7(2023.9重印)
(幼儿园课程资源开发与利用丛书 / 钱月琴主编)
ISBN 978-7-5672-4419-1

Ⅰ.①桑… Ⅱ.①陈… Ⅲ.①蚕桑生产-文化-中国-教学研究-学前教育 Ⅳ.①G613.3

中国国家版本馆 CIP 数据核字(2023)第 113994 号

书　　名：	桑蚕园 SANGCAN YUAN
主　　编：	陈小平　张　艳　沈凤娟　沈静雯
责任编辑：	万才兰
策　　划：	谢金海
出版发行：	苏州大学出版社(Soochow University Press)
社　　址：	苏州市十梓街 1 号　邮编：215006
印　　刷：	苏州市古得堡数码印刷有限公司
邮购热线：	0512-67480030
销售热线：	0512-67481020
开　　本：	889 mm×1 194 mm　1/20　印张：6.4　字数：127 千
版　　次：	2023 年 7 月第 1 版
印　　次：	2023 年 9 月第 2 次印刷
书　　号：	ISBN 978-7-5672-4419-1
定　　价：	58.00 元

若有印装错误，本社负责调换
苏州大学出版社营销部　电话：0512-67481020
苏州大学出版社网址　http://www.sudapress.com
苏州大学出版社邮箱　sdcbs@suda.edu.cn

"幼儿园课程资源开发与利用丛书"
编委会

顾　问　张春霞

主　任　季小峰

副主任　周　萍　顾忆红

编　委（按姓氏笔画排序）

王亚红　王惠芬　吕淑萍　朱　静　孙文侃

吴小勤　沈　红　沈方勤　沈艳凤　张　琼

张利妹　陈小平　陈秋英　胡　娟　莫美华

钱明娟　徐　桢　徐国芬

序

  吴江区高度重视学前教育的发展。长期以来，吴江区学前教育工作者注重抓内涵、提质量，在幼儿园课程建设方面做了很多扎实有效的工作。

  江苏省实施课程游戏化项目以来，吴江区学前教育工作者努力进行课程游戏化的区域推进，为课程游戏化提供了示范，吴江区涌现出了许多高质量课程建设的典型。尤其是在资源深度挖掘和利用方面，很多幼儿园强化课程意识和资源意识，增强目标意识和效率意识，深入挖掘和利用本地课程资源，努力将资源优势转化为经验优势，形成了课程资源开发和利用的吴江经验。

  吴江是一个具有深厚文化历史底蕴的地方，名人、遗迹、名胜不胜枚举，具有鲜明江南特色的古镇和村落，丰厚肥沃的土地，孕育了万千生命和厚重的文化。对于如何挖掘和利用吴江的自然与文化资源，吴江的老师们进行了积极的探索和创新。他们从幼儿身心发展规律出发，深入分析本地各类资源对儿童发展的价值，形成了一系列资源开发和利用的途径与策略，让幼儿在多样化的活动中感受文化、体验文化、理解文化、表达文化和创新文化。丰富的幼儿园课程内容，充实了儿童的生活，增进了儿童的体验和情感，增强了儿童的操作和表现能力。

  这套丛书是吴江区各幼儿园从不同的资源出发，深入研究儿童的需要和兴趣，系统开展多种形式的活动，充分利用儿童的多种感官，有效促进儿童对文化的了解、理解和表达，不断丰富和充实儿童经验的实践成果。相信这套丛书一定能给幼儿园课程建设提供有益的经验和启示，一定能为学前教育质量的提升做出贡献。

南京师范大学教育科学学院教授、博士生导师

2023 年 5 月

莼鲈之香正十年

秋风斜阳鲈正肥，扁舟系岸不忍去。

吴江位于苏浙沪两省一市的地理交界处，是"鱼米之乡""丝绸之府"，有古镇、蚕桑、运河……历史悠久，资源丰富。

十余年来，吴江学前教育坚持以"贯彻落实《3—6岁儿童学习与发展指南》精神，开展幼儿园生活化游戏化课程建设"为抓手，区域性全面推进、全类覆盖、全员参与课程游戏化项目区实践。"区域推进不是要求区域统一，本质是让幼儿园各尽其能，充分调动每一位教师的专业才智，充分利用一切空间和资源，最大限度地发挥对儿童发展的支持和促进作用，从而提升教育质量。"（虞永平）十余年间，吴江幼教人通过改造环境、优化课程、专家引领、提升师资、追随儿童、科学评价等策略，营造了良好的学前教育生态，从"幼有所育"走向"幼有优育"。

吴江区各幼儿园从资源入手积极探索"资源—活动—经验"的实践路径，通过梳理、分析本园资源，建构课程资源地图，制作课程资源清单，开展多样化教育活动，尝试建设适合本园的课程，积累了大量的一手资料，于是就有了这套"幼儿园课程资源开发与利用丛书"。

本套丛书不仅是吴江区各幼儿园在课程建设中开发利用本园周围的资源，开拓儿童课程源泉，促进儿童全面发展的生动实例，还是凝聚着全区"学前教育发展共同体"踔厉奋发、笃行不息的成长足迹和探究精神的宝贵财富。在这套丛书里，你可能会看到因为年轻而存在的稚气，但更会看到因为年轻而勃发的对教育的追求和活力。

  本套丛书有以下三个特点：一是实践性，每类资源的开发和活动的组织都是幼儿园实践过的；二是操作性，幼儿园提供了某资源开发和利用的理念、路径、方法和具体的活动，可以为同行提供范例和借鉴；三是普适性，这套丛书涉及的资源都是日常生活中普遍存在的、与幼儿生活密切相关的。本套丛书共有十三个分册，每个分册都是从资源介绍、开发理念、资源清单、基本路径、活动列举、课程计划、方案设计、活动叙事八个方面来编写的。虽然这些都是一线教师的实践积累，但在理念上可能尚有偏颇，在实践中可能存在需要改进的地方，不足之处敬请专家和同行提出宝贵意见，以便让这套书不断完善。

  十年磨一剑，蓄势再扬帆。在未来十年，乃至更长一段时间，吴江区学前教育会继续与时俱进，勇立潮头，办出更多老百姓家门口的高质量幼儿园。

丛书编委会
2023 年 5 月

目 录

资源介绍 / 1

开发理念 / 3

资源清单 / 5

基本路径 / 11

活动列举 / 13

课程计划
　　学期课程计划 / 19
　　主题活动计划 / 23

方案设计
　　主题活动方案 / 27
　　　　一片桑树林（小班） / 27
　　　　　　一、集体活动　走进桑树林 / 27
　　　　　　二、生活环节渗透　和桑树比高高 / 28
　　　　　　三、生活环节渗透　观察落叶树（桑树） / 30
　　　　　　四、收集活动　桑叶掉下来啦 / 31
　　　　　　五、区域活动　桑叶分分类 / 32
　　　　　　六、集体活动　桑叶拓印画 / 34
　　　　　　七、生活环节渗透　桑叶上的洞洞 / 36
　　　　　　八、集体活动　桑树病了 / 37
　　　　　　九、集体活动　护桑的好方法 / 39

十、劳动活动　给桑树包扎　/ 40

十一、区域活动　桑叶的影子　/ 42

十二、区域活动　装饰桑树　/ 43

我们来养蚕（中班）/ 45

一、调查活动　采访蚕农　/ 45

二、区域活动　布置蚕房　/ 47

三、收集活动　养蚕工具　/ 49

四、生活环节渗透　蚕卵的孵化　/ 50

五、生活环节渗透　我们来喂蚕　/ 51

六、劳动活动　特殊蚕的喂养　/ 52

七、区域活动　蚕宝宝比一比　/ 53

八、生活环节渗透　我的养蚕日记　/ 56

九、集体活动　蚕宝宝吐丝了　/ 57

十、集体活动　蚕宝宝上山啦　/ 58

十一、劳动活动　采茧子　/ 60

十二、区域活动　茧子"站"起来　/ 61

十三、集体活动　抽丝剥茧　/ 64

十四、集体活动　蚕宝宝的一生　/ 66

系列活动方案　/ 68

清理蚕沙（中班）/ 68

一、集体活动　认识蚕沙　/ 68

二、劳动活动　清理蚕沙　/ 70

三、区域活动　探秘蚕沙网　/ 71

四、收集活动　蚕沙的妙用　/ 73

护桑行动（大班）/ 74

一、集体活动　桑树伯伯过冬　/ 74

二、集体活动　讨论护桑行动　/ 76

三、区域活动　制订护桑计划　/ 78

四、收集活动　护桑材料　/ 80

五、生活环节渗透　测量桑树　/ 82

单个活动方案　/ 83

一、集体活动　蚕宝宝爬呀爬（小班）/ 83

二、生活环节渗透　好喝的桑叶茶（中班）/ 85

三、集体活动　阿巧养蚕（大班）/ 87

四、调查活动　蚕丝和蜘蛛丝（大班）/ 89

五、区域活动　桑枝的扦插（大班）/ 91

六、区域活动　桑树分布图（大班）/ 92

七、区域活动　蚕丝承重实验（大班）/ 94

活动叙事

有彩色的蚕吗？（大班）/ 96

独一无二的"桑树身份证"（大班）/ 107

后　记　/ 118

资源介绍

　　苏州市吴江区盛泽实验幼儿园地处"中国四大丝绸之都"之一的盛泽。翻开盛泽的历史，它以丝绸闻名遐迩。明清时期，盛泽便与苏州、杭州、湖州并称"绸都"，并以"日出万绸，衣被天下"傲立于世。丝绸，既是盛泽的一个重要标志，也是丝绸产业经济的一个文化符号。

　　追根溯源，盛泽丝绸产业的迅速发展，源于盛泽人民的心灵手巧、善于经营。盛泽的桑蚕业极为发达，自古以来盛泽居民就有种桑、育蚕、缫丝、织绸的传统，从"桑"到"蚕"，从"蚕"到"丝"，积淀了深厚的桑蚕文化，在从"丝"到"绫罗绸缎"的演变中不断织就着盛泽独特的丝绸文化。一代又一代的盛泽人，肩负着传承与创新丝绸文化的历史使命。因此，我们对丝绸文化相关资源的独特价值给予了足够的关注，比如桑蚕资源，它不仅是孕育丝绸文化的基本资源，还是盛泽实验幼儿园正在积极开发和利用的重要资源。对"桑蚕"的聚焦，包含"种桑"和"养蚕"两个部分。"种桑"囊括了桑树的种植与养护，桑农根据四季变化，因时制宜地对桑树进行管理；"养蚕"是古代中国劳动人民的重要技艺，历经育种、出蚁、蚕眠、化蛹、结茧、化蛾的培育过程，最后收获蚕茧并抽丝加工。桑蚕资源的开发与利用贯穿"种桑"和"养蚕"的整个过程。

　　盛泽实验幼儿园致力于把桑蚕文化融入环境创设，园内的桑蚕园就是重要的资源基地和生动的幼儿实习场。基于对桑蚕资源的开发与利用，"一园""两坊"的开放式互动环境成为桑蚕园的一大亮点。"一园"即一亩桑园，占地约 1 000 ㎡，种有共 12 个品种的 128 棵桑树，除普通桑树（白桑）外，还有中国黑桑、"红果 2 号"、白玉桑等。幼儿不仅能观察到桑树的不同特征、桑树的四季变化，还能探究、发现不同种植条件下桑树的生长变化，同时在采摘桑叶的过程中，发现桑树与蚕之间的生命联结。"两坊"是指养蚕坊和茧艺坊，占地分别约 90 ㎡，配有恒温恒湿的环境及各类专业的养蚕工具、材料与设施设备,为幼儿体验抽丝剥茧、缫丝织布提供真实的生活场所,让幼儿在自由、宽松、多元的实习场中,不断与桑蚕资源对话,从而获得经验的增长。

桑和蚕相互依存,密不可分。桑蚕资源已经深深地根植于幼儿生活的这片土地。桑蚕资源的开发和利用是一个纵向深入的过程,盛泽实验幼儿园最大程度地依托内外独特的桑蚕资源环境,支持幼儿利用桑蚕资源进行学习和娱乐,在触手可及的认知和互动中生发出更多真实且生机勃勃的课程活动。

开发理念

虞永平教授指出:"幼儿园课程资源的挖掘和利用是课程建设的一项重要工作。"在课程建设中,幼儿园应注重课程资源的开发,关注课程资源与幼儿生活的关系,倡导课程资源回归幼儿的真实世界与内在需求。为此,盛泽实验幼儿园立足本土桑蚕资源的开发与利用,通过"种桑""养蚕"生活体验场的创设,满足幼儿基于桑蚕资源进行深度学习的需求,让幼儿在感知、体验、操作的持续探究中建构新经验,丰富幼儿的生活,拓宽幼儿的视野,使幼儿在多样化的课程资源开发中形成经验的联结并获得全面发展。

生活是幼儿课程的源泉

在虞永平教授看来,幼儿园课程是建立在儿童生活基础之上的,生活是课程真正的源泉。以幼儿的生活为根底,从生活出发,处处皆课程。彰显桑蚕文化气息的先蚕祠、丝博园、东方纺织城等,种桑养蚕的爷爷奶奶,从事纺织工作的爸爸妈妈,以及园内大大小小的桑园、蚕房……桑蚕资源遍布幼儿的生活环境,潜移默化地影响着他们的生活、学习。我们把桑蚕资源引入幼儿园,不断改造和优化适合幼儿的生活实习场,使之成为孕育课程的摇篮。

大自然是幼儿课程的活教材

著名儿童教育家陈鹤琴先生说过:"大自然、大社会都是活教材"。桑蚕资源是幼儿最熟悉的大自然资源,在幼儿园内、外分布较广,扎根生活至深。幼儿天生对大自然充满好奇和热情,会主动走进大自然、亲近大自然,在大自然广阔的空间中专注、投入地探索,把大自然中的事物和现象作为他们感受与探究的对象,学会与自然和谐相处,利用多种感官建立与大自然的亲密联系。大自

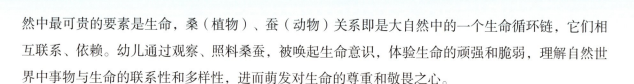

然中最可贵的要素是生命，桑（植物）、蚕（动物）关系即是大自然中的一个生命循环链，它们相互联系、依赖。幼儿通过观察、照料桑蚕，被唤起生命意识，体验生命的顽强和脆弱，理解自然世界中事物与生命的联系性和多样性，进而萌发对生命的尊重和敬畏之心。

 幼儿的学习特点是资源开发的重要依据

《3—6岁儿童学习与发展指南》指出，要"最大限度地支持和满足幼儿通过直接感知、实际操作和亲身体验获取经验的需要"。盛泽实验幼儿园遵循幼儿的身心发展规律，借助桑蚕资源支持幼儿做事，把物质形态的资源转化为幼儿的有益经验。在课程资源开发中，我们创设了桑园、蚕房、茧坊等多元、丰富的资源环境，给幼儿提供可感知、可体验、可探究的活动空间和活动内容，如在桑园近距离接触、观察桑树，参与采摘桑叶、除草护桑活动，在蚕房亲身体验孵化、饲养蚕宝宝，等等。我们基于对幼儿的年龄特征、兴趣需求的解读，充分利用大自然四季变化带来的学习机会，支持幼儿去"真体验""真参与"，让他们在与资源互动的过程中实现经验的递进、深化和拓展。

🌙 资源清单

盛泽实验幼儿园坐落于盛泽镇南二环路，园内随处可见丰富的自然资源，桑树资源尤为丰富。教师首先分析了幼儿园园舍周边平面图，形成对幼儿园资源的整体认识，随后分组在园内进行实地查看，用拍照、录像等方式记录幼儿园的园、廊、坊、室和花草树木。同时，教师积极调动幼儿的参与性和主动性，支持幼儿去寻访园内桑树的数量、种类和分布区域，帮助幼儿现场查看、调查统计蚕房的位置和设施设备，并与幼儿共同绘制桑树资源分布图。

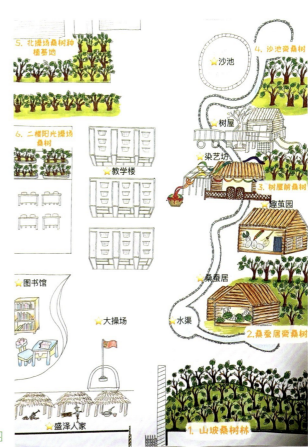

幼儿园内桑树资源分布图

桑树在园内分布广泛，种类繁多。我们通过实地勘察、上网搜索等方式对桑树的种类、数量、所在位置等进行了记录和梳理。为了更好地管理和养护桑树，我们还梳理了种植、养护桑树和采摘桑叶的工具、数量和利用方式，形成了桑树资源列表。

桑树资源列表

序号	类别	子类 序号	名称	数量	描述	利用方式	备注（位置）
1	桑树	1-1	白桑	62棵	落叶灌木或小乔木，高达15 m。枝条细长且直，皮色以灰褐为主。叶长5~10 cm，边缘有粗锯齿，叶柄较长且细，果实呈黑紫色或白色	给蚕宝宝喂食，观察树木生长，进行种植活动，采摘桑叶、桑葚，进行树木养护，观察树木的四季变化，做游戏……	丝路园北操场
		1-2	中国黑桑	3棵	乔木，高约10 m，树皮为暗褐色。叶为卵形或心形，边缘有锯齿，表面为深绿色，粗糙。花期在4月，果期在4~5月。果实呈紫黑色		丝路园南面小山坡
		1-3	红果2号	3棵	树型直立，枝条细长且直，叶片较小。果实长3~3.5 cm，为长筒形、紫黑色，有籽。在5月上旬成熟		
		1-4	超级果桑	3棵	果实呈紫黑色，长8~12 cm。全年可栽种，正常产果期为3~4月，比一般果桑的果实提前10天左右成熟		
		1-5	白玉桑	3棵	枝条细直，叶较小，果长3.5~4 cm，为长筒形，单果重4~5 g，果色乳白，甜味浓。在5月中下旬成熟		
		1-6	桂花蜜果桑	3棵	枝条细直，叶片大小中等。果实呈紫红色，成熟时有似桂花的香味，有籽，果形不大，成熟期为28天左右		
		1-7	夕阳红桑	2棵	观赏性绿植，具有特殊的药用价值		

续表

序号	类别	子类			描述	利用方式	备注（位置）
		序号	名称	数量			
2	种植工具	2-1	铲子	8把	挖掘或刨地的工具	挖掘或刨地	桑树林西侧工具棚
		2-2	筛子	10个	直径为10 cm、20 cm和30 cm的镂空网筛	筛选泥土、石块	
		2-3	小镐	8个	刨土的工具	小范围挖地、铲泥土或杂草	
		2-4	嫁接刀	3把	嫁接树木、枝条，切开树木的工具	嫁接桑树枝	
		2-5	薄膜	若干片	薄而软的透明薄片	树木保温，固定嫁接处	
		2-6	夹子	15个	夹物体的工具	固定嫁接处	
		2-7	绳子	若干条	由草、麻、丝等制成的用于捆绑的工具	固定嫁接处，捆绑枝条等	
		2-8	喷壶	4个	气压式喷壶	喷洒、浇水	
3	采摘工具	3-1	手套	40副	橡胶、针织类手套	保护手	桑树林西侧工具棚
		3-2	篮、筐	10个	用藤、竹、塑料等编制而成的盛物工具	存放采摘的桑叶和桑葚	
4	养护工具	4-1	喷雾器	3个	容量为5 L和8 L的气压式喷雾器	局部除虫	桑树林西侧工具棚
		4-2	水壶	5个	容量为1 L、2 L和3 L的塑料水壶	日常灌溉	
		4-3	长木条	15个	用来做成木制架子	支撑桑树	
		4-4	修枝剪	6把	修剪植物枝条的工具	修剪枝条	
		4-5	小耙	5个	松土的工具	松土	
		4-6	草编绳	若干条	用稻草编制成的绳子	桑树冬季养护	

除了拥有丰富的桑树资源外，幼儿园内还有专门供幼儿养蚕的场所——蚕房。我们根据幼儿的需求，对蚕房区域进行规划。为了更好地饲养蚕宝宝，我们查阅资料、询问专业人士，了解养蚕需要的工具、材料、人员等，最终形成了蚕房的资源列表。

蚕房资源列表

蚕房分布图					蚕房分成4个区域：饲养区、观察记录区、创意游戏区、休闲区	
序号	类别	子类			描述	利用方式	备注
		序号	名称	数量			
1	设施设备	1–1	蚕匾	20个	无孔，直径分别为20 cm、28 cm和90 cm，高度为2~3 cm的圆形竹匾	饲养蚕宝宝	
		1–2	蚕架	4个	尺寸为40 cm×36 cm×100 cm的三层三脚蚕架，尺寸为20 cm×18 cm×40 cm的一层三脚蚕架	饲养蚕宝宝	
		1–3	结茧架	3个	尺寸为50 cm×30 cm×8 cm的两层结茧架	结茧场地	
		1–4	空调	1个	3匹立式空调	保持恒温	
		1–5	抽丝架	6个	尺寸为65 cm×40 cm×30 cm的木质手摇转轮	摇茧丝	
		1–6	泡茧缸	8个	直径为43 cm、高为33 cm的陶瓷缸	泡茧子	

续表

序号	类别	子类序号	名称	数量	描述	利用方式	备注
2	养蚕工具	2-1	温度计/湿度计	2个	水银温度计及电子湿度计	测量温度/湿度	
		2-2	清洁网	10个	尺寸为 30 cm × 50 cm、50 cm × 60 cm 的镂空棉布网	清洁蚕沙及桑叶	
		2-3	油纸	若干张	尺寸为 20 cm × 30 cm、30 cm × 40 cm 的光滑的棕色纸制品	蚕蛾交配产卵	
		2-4	放大镜	20个	不同尺寸、材质的放大镜	观察蚕宝宝	
		2-5	鹅毛	若干片	长度为 7 cm 或 8 cm	清理蚁蚕	
		2-6	蚕夹	20个	长度为 7.7 cm 和 11.5 cm 的塑料小镊子	夹蚕宝宝，清理残渣	
		2-7	喷壶	5个	容量为 1.2 L 的气压式喷壶	室内环境加湿	
		2-8	彩色饲料	4盒	紫色、蓝色、绿色、红色各 120 g	做喂养蚕实验	
		2-9	蚕筷	5双	长度为 12 cm 的木质筷子	夹蚁蚕	
		2-10	蚕蔟	10个	尺寸为 44 cm × 11 cm 的柴笼 2 个 尺寸为 40 cm × 65 cm 的网格柴笼 5 个 尺寸为 68 cm × 45 cm × 29 cm 的纸格柴笼 3 个	结茧	
3	养蚕人员	3-1	教师	若干人	园内教师、保育员	参与并协助幼儿饲养蚕宝宝	全园
		3-2	幼儿	若干人	全园参与养蚕的幼儿	饲养蚕宝宝，进行观察、照料和记录	中班、大班
		3-3	专业人士	5人	具备养蚕专业知识的人员（桑蚕园的养蚕人、民间养蚕人）	提供科学养蚕经验	

续表

序号	类别	子类			描述	利用方式	备注
		序号	名称	数量			
4	养蚕场所	4-1	蚕房	1间	温度、湿度适宜，配备养蚕工具的房间	饲养蚕宝宝	面积为50 m²
		4-2	茧房	1间	存放各种蚕簇，可供蚕宝宝结茧的房间	蚕宝宝结茧	面积为40 m²
5	其他	5-1	蚕宝宝标本	5个	呈现蚕宝宝生长过程的小试管	观察、认识蚕宝宝的成长过程	
		5-2	植物标本	10个	可嵌入不同的植物叶子的木质框架	了解不同种类的桑叶	
		5-3	桌子	若干张	可搬动的木质方桌	供幼儿讨论、观察、记录	
		5-4	椅子	若干把	木质椅子	幼儿就座	
		5-5	观察记录本	30本	各种纸质记录本	观察、记录	
		5-6	笔	30支	记号笔、蜡笔	观察、记录	

基本路径

资源梳理只是第一步。只有资源和幼儿的生活、学习、游戏、运动发生联结，物质形态的课程资源才能被转化成精神形态的幼儿经验。在桑蚕资源的开发与利用中，我们基于幼儿种桑养蚕的经验，通过周围真实的养蚕环境（农村的养蚕业）、园外的参观走访（先蚕祠、桑蚕文化园、丝博园、东方纺织城等）、园内的亲身体验（亲自种桑养蚕），形成桑蚕资源开发的基本路径。

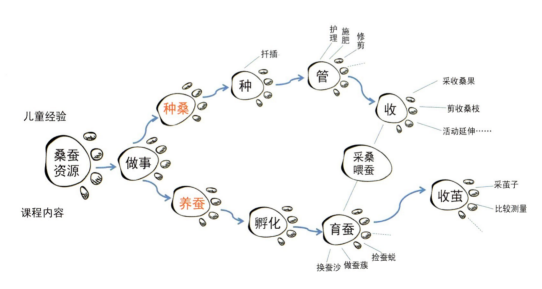

桑蚕资源开发基本路径图

　　桑蚕资源开发路径主要依托"做事"这一关键要素，重点从种桑和养蚕两个方面展开，在这一过程中自然渗透社会实践、游戏、欣赏等活动。

　　种桑和养蚕有各自不同的探究方向。种桑包括桑树的种植与养护。幼儿根据四季变化，因时制宜地对桑树进行管理、养护、观察、探究不同条件下的桑树种植及其生长变化。种桑和养蚕又有交会关联的地方。在春秋两季，当桑树枝繁叶茂时，养蚕活动如期而至，种桑和养蚕就有了关联，此时幼儿化身小蚕农，关注蚕宝宝这个小生命成长中的每一个细节，如蚕卵的孵化、蚁蚕的喂养、成蚕的休眠、熟蚕的吐丝和结茧等。经过蚕沙处理和采桑的不同阶段，使用不同工具清理蚕沙，采用不同的上蔟方式，幼儿用实际行动参与着蚕宝宝成长的每一天。

　　从资源走向课程，从课程增长经验，资源、课程、经验三者是有机融合的。在种桑、养蚕的做事过程中，每一个环节都会产生延伸和渗透活动。我们要做的就是倾听和理解幼儿的兴趣与需要，从中打造出课程资源，促使课程更好地走向儿童化和生活化。在课程内容生发的过程中，教师要始终鼓励幼儿用资源去做事，丰富园所的课程资源库，让幼儿大胆地去设计各种活动，支持他们从不同的视角去开展感受、探究、操作、发现、表达等活动，从而形成"经验需求—课程资源规划—新经验生发"的螺旋式上升的活动路径。

活动列举

桑蚕资源是浸润于丝绸文化的基本资源，也是盛泽实验幼儿园积极开发和利用的重要资源。我们从幼儿的经验出发，寻找桑蚕资源与课程的联结点，挖掘课程资源的有效教育价值，进而生成适合幼儿发展的系列活动。丰富多样的活动，促进了课程资源的开发与利用，同时也让幼儿的学习与发展"可看""可见""可思"。在实施过程中，教师追随幼儿的兴趣，把握活动契机，形成以"桑蚕种植、养殖体验活动""桑蚕游戏活动""桑蚕节气活动"，以及渗透全程的"园外桑蚕游学活动"为主要线索的"3+1"（3种行动模式+1种弥散式体验）课程行动模式。

行动模式1：桑蚕种植、养殖体验活动

为了满足幼儿进行亲身体验、实际操作的需求，在丝路园里，我们创设了桑树林、养蚕坊、趣茧园等探究空间。幼儿作为主角，在这个微观的桑蚕文化体验场中，与资源互动、大胆做事、主动探究，参与桑树的种植（扦插）、管理和收获活动，承担蚕种孵化、采桑育蚕、收茧缫丝等活动责任，获得丰富的桑蚕文化体验。

行动模式2：桑蚕游戏活动

我们立足桑蚕资源的开发，在班级设立"美工区""生活区""科学区""益智区""语言区""表演区"等基本游戏区域，并将幼儿在桑蚕资源主题探究中被激发的兴趣和需求拓展到各个游戏区域。同时，班级设立桑蚕游戏资源库，提供多层次、丰富的游戏材料，以满足幼儿游戏的生发，促进幼儿的多样化学习。

行动模式3：桑蚕节气活动

在设计节气活动时，我们特别融入了桑蚕资源的开发。比如，增加了农耕体验活动，帮助幼儿

根据时令变化进行耕种、劳作、收获；将"桑""蚕"元素融入节气教育中，让幼儿亲身感受季节变化的规律、饮食与季节变化之间的联结，以及本土的风俗文化。

 弥散式体验：园外桑蚕游学活动

园外游学活动将园内外的课堂进行融通，有计划、有目的地将其渗透在桑蚕资源课程的实施路径中。遵循由近及远、从简单到复杂的原则，根据幼儿的年龄特点和兴趣需求，教师、幼儿共同筛选适合的园外游学活动，确定游学的目标、形式，以集体游学、小组游学、亲子游学形式为主。

活动列表

活动类别与名称		领域	关键经验	年龄班	实施途径			
					教学	区域	生活环节	运动	实践
主题活动	一片桑树林（12）	语言、健康、艺术、科学	1. 对树木的特征、变化感兴趣。 2. 愿意与同伴谈论不同季节对动植物的影响。 3. 能经常用绘画、捏泥、手工制作等方式表现自己的所见所想。 4. 能遵守安全规则，形成初步的自我保护意识	小班	集体活动、小组活动、个人活动	阅读区、科学区、数学区、美工区、表演区、建构区	来园、离园、散步	运动、游戏	参观、调查、劳动
	你好，桑叶（16）	语言、社会、艺术、科学	1. 愿意向同伴讲述植物的特征及生长变化。 2. 能观察不同种类的植物，并用不同的符号进行记录。 3. 能亲近自然，与同伴一起探究并分享周围新奇、有趣的事物或现象，一起寻找问题的答案。 4. 能感受不同植物的形态美，并用多种方式进行艺术创作。 5. 自愿参加各种采摘活动，敢于尝试有一定难度的活动和任务	中班	集体活动、小组活动、个人活动	阅读区、数学区、科学区、美工区	来园、离园、散步、盥洗、餐后	运动、游戏	参观、亲子活动、调查、劳动

续表

活动类别与名称		领域	关键经验	年龄班	实施途径				
					教学	区域	生活环节	运动	实践
主题活动	我们来养蚕（14）	语言、科学、健康、艺术	1. 感受并理解规则的意义，并与同伴协商制定照料动物的规则。 2. 感知和发现不同季节对动物的影响，知道动物的生长变化及其基本条件。 3. 能发现昆虫种类的特征，愿意用图画和符号表达自己的所见所想。 4. 能根据观察结果提出问题，并能用一定的方法验证自己的猜想。 5. 能用多种工具、材料或不同的表现手法表达对昆虫的感受和想法	中班	集体活动、小组活动、个人活动	阅读区、美工区、科学区、表演区、益智区、建构区	来园、餐后、盥洗、散步	运动、游戏	参观、调查、亲子活动、劳动
系列活动	桑葚熟了（5）	社会、科学	1. 学会正确使用采摘、测量等工具。 2. 感受天气变暖、雨水增多、果实饱满等"小满"节气的特征	中班	集体活动、小组活动	美工区、数学区	散步		劳动
	护桑行动（5）	社会、科学	知道保护树木的多种方法，萌发爱护树木的情感	大班	集体活动、小组活动	美工区、科学区、生活区	来园、离园、散步		劳动
	清理蚕沙（4）	健康、科学	1. 知道蚕宝宝排泄蚕沙是正常的生理表现。 2. 了解清理蚕沙的方法、工具等，会用材料自制工具	中班	集体活动、小组活动	美工区、科学区	来园、离园、散步		
	蚕只吃桑叶吗?（4）	社会、科学	1. 知道蚕宝宝要吃的食物。 2. 能通过简单的调查收集信息	中班	集体活动、小组活动	科学区、生活区	来园、散步、离园		劳动
单个活动	蚕宝宝爬呀爬	健康	了解并模仿蚕宝宝爬行的各种动作，发展肢体的柔韧性和平衡性	小班				运动	
	蚕花娘娘	语言	愿意和同伴讨论，并大胆表达自己的想法	中班	集体活动				
	好喝的桑叶茶	健康	知道桑叶可以泡茶，能和同伴尝试泡桑叶茶	中班		生活区			

续表

活动类别与名称		领域	关键经验	年龄班	实施途径				
					教学	区域	生活环节	运动	实践
单个活动	阿巧养蚕	语言	1.能主动倾听、理解民间故事，并根据故事情节大胆进行想象和续编。2.初步了解养蚕习俗的由来	大班	集体活动				
	参观先蚕祠	社会	学会分组合作，制订参观计划	中大班					参观
	蚕卵大探秘	科学	观察蚕卵在不同时期的变化，了解卵生动物的特点	大班			来园、散步		
	桑树林写生	艺术	1.能观察并发现桑树林中桑树叶前后遮挡的关系。2.喜欢参加写生活动，并用材料大胆表现自己的所见所感	中大班		户外			
	蚕丝和蜘蛛丝	科学	认识蚕和蜘蛛的身体结构与功能，观察、比较蚕丝和蜘蛛丝的特点与性能的不同	大班					调查
	桑枝的扦插	科学	1.知道扦插是培育植物的一种方式。2.熟悉扦插的方法，并进行尝试	大班		科学区			
	桑树分布图	科学	1.能目测桑树在幼儿园的位置。2.能用绘画、做标记等方式在地图上标注桑树的位置	大班		美工区			
	有用的丝线	社会	调查、发现身边用丝线织就的物品，调用多种感官感受丝线的特性	大班					调查
	桑叶和蚕	艺术	尝试用多种作画工具进行艺术表现，体验水墨印画、点画的乐趣	大班	集体活动				
	中国丝绸	社会	1.感知丝绸的特性，比较并发现丝绸与其他布面料的不同。2.萌发热爱家乡及家乡物产的情感	大班	集体活动				
	蚕丝承重力实验	语言	通过实验，亲身感知单根蚕丝与多根蚕丝的承受力的不同	大班		科学区			

注：表中括号内数字表示活动个数。

课程计划

课程资源主要为课程的开展和幼儿的经验增长服务。为了更好地助力课程资源进入课程规划，我们主要通过"园级—年级组—班级"的多层级的课程审议将"桑蚕系列探究活动"纳入幼儿园的整体课程计划。在审议中，我们遵循"全收获"理念，把种桑养蚕看作一种涉及种植、测量、规划、协作、任务意识、审美等多方面经验的综合性活动；同时，我们遵循节气与种桑养蚕之间的关系，把种桑养蚕活动与四季变化相结合，循着动植物生长的节奏，进行持续深入的探究。

在开发和利用桑蚕资源的过程中，逐步融入学期计划、主题计划、活动计划，形成逐级分化的逻辑关系。或以主题形式开展，或以系列活动推进，或以单个活动渗透，主要采用以下三种方式。

1. 点的弥散（单个活动的渗透）

利用桑蚕资源，在一日活动中能生发出很多与之相关联的种植、养殖的单个活动，同时会动态生成一些新的幼儿需求。比如，偶发的调查活动、科学实验、劳动活动等单个活动，可以不受时间和当下主题课程的影响而进入幼儿的课程，甚至可以替代原先主题中的某些内容，达成相应的目标。

2. 线性贯穿（节气系列活动的贯穿）

种桑养蚕与四季变化有着千丝万缕的关系。陈鹤琴先生曾经尝试研究"幼稚生生活历"。他的"幼稚生生活历"为我们的课程规划提供了一种新的探究方向。种植桑树、养蚕都需要经历很长的时间，这与四季中动植物生长的自然规律相契合。因此，我们尝试利用四季中二十四节气的轮回寻找到适宜桑树种植、管理、扦插、防护的最佳时机，鼓励幼儿进行持续而深入的探究。这样的探究不受时间长短的限制，是可以和当下的主题活动并存的。

3. 块面铺陈（桑蚕主题活动的建构）

聚焦桑树种植管理、养蚕的过程，能给儿童一个较为完整的探究历程。因此，我们尝试通过预设主题的方式，以及测量、规划、协作、任务意识、审美等方面多样化的活动，支持幼儿利用桑蚕资源做游戏或做事，力争在触手可及的认知和互动中生发出更多真实且生机勃勃的课程活动。

学期课程计划

学期课程计划一览表1

年度 <u>2021—2022</u>　　学期 <u>第一学期</u>　　年龄班 <u>小班</u>　　填表人 <u>胡清清</u>

序号	主题名称	主题目标（价值分析）	主题持续时间	主要资源列举			主题来源
				自然	社会	文化	
1	我上幼儿园啦	1. 知道自己上幼儿园了，对幼儿园产生安全感和亲切感，逐步适应集体生活。 2. 愿意在老师、同伴面前说话，能大方地与人打招呼。 3. 喜欢幼儿园的生活，对幼儿园环境感兴趣。 4. 喜欢涂涂、画画，并乐在其中	4周	1. 饲养秋蚕* 2. 桑树林* 3. 幼儿园的花草树木 4. 沙池	1. 家长 2. 同伴 3. 教师 4. 中大班的哥哥姐姐	1. 白露节气*（秋蚕丰收） 2. 中秋节 3. 教师节	购买的蓝本课程
2	颜色躲猫猫	1. 认识生活中常见的颜色，并能在生活中找出相应颜色的物品。 2. 能动脑动手探究周围事物的颜色，对颜色的变化感兴趣。 3. 能用自己的语言描述对颜色的认识与理解，用不同形式表达自己对颜色的喜爱。 4. 感受周围环境的绚丽色彩，乐意用自己喜欢的方式创造性地表现色彩，体验色彩及其变化带来的乐趣	4周	1. 蚕* 2. 桑树* 3. 幼儿园的花草树木	1. 趣茧园 2. 染艺坊 3. 幼儿园外的红绿灯及其他交通标志		购买的蓝本课程

续表

序号	主题名称	主题目标（价值分析）	主题持续时间	主要资源列举			主题来源
				自然	社会	文化	
3	一片桑树林*	1. 能仔细观察常绿树和落叶树，并发现其明显特征和差异。 2. 感知物体与空间的关系，能用上下、前后、里外等方位词描述植物的位置。 3. 感受并喜爱各种树的形态美，愿意用喜欢的方式进行艺术创作。 4. 亲近大自然，有初步的环保意识	2~3周	1. 桑树林 2. 桑枝、桑叶 3. 桑树周围的动物 4. 常绿树和落叶树	1. 桑蚕文化园 2. 社区里的桑树	与桑树相关的童谣、谚语	自主开发的园本课程
4	过新年，穿新衣	1. 感知冬季明显的季节特征，愿意在户外环境中活动。 2. 初步了解家乡过年的习俗，喜欢参加各种形式的节日活动，体验过新年的快乐。 3. 关注自己周围环境的变化，愿意参与新年环境的布置。 4. 喜欢进行艺术活动，愿意表达自己对新年的愿望和想法	4周	1. 桑树林* 2. 梅花 3. 树枝 4. 小池塘 5. 雪、冰碴、大风	1. 幼儿园内："年货一条街" 2. 幼儿园外：超市、社区的新年氛围	1. 腊八节习俗 2. 桑蚕制品*	购买的蓝本课程

注：带*者是利用本书所谈资源开发的活动。

学期课程计划一览表 2

年度 2021—2022　　　学期 第二学期　　　年龄班 中班　　　填表人 胡娟

序号	主题名称	主题目标（价值分析）	主题持续时间	主要资源列举			主题来源
				自然	社会	文化	
1	绿色的春天	1. 感知春天周围事物的变化，知道春天是播种和植物生长的季节。 2. 尝试收集与春天相关的信息，能用多种方式表现春天里各种事物的形态和主要特征。 3. 主动参与远足、种植等活动，大胆表达对春天的认知和感受。 4. 能对春天的动植物或自然现象进行观察、比较，具有初步的探究能力	4周	1. 桑树* 2. 桑花* 3. 桑枝* 4. 春天的花草树木 5. 小动物	1. 公园（目澜洲、郎中荡、潜龙渠） 2. 幼儿园内百花园 3. 社区资源 4. 家长资源	1. 立春、惊蛰节气 2. 清明节	购买的蓝本课程
2	你好，桑叶*	1. 能感知和发现桑叶与其他树叶的不同之处，并进行分类。 2. 了解桑叶及其他树叶的不同用途。 3. 感知树叶的色彩、形态等特征，运用绘画、手工制作等方式进行艺术创造。 4. 愿意表达，能完整地讲述自己的所见所闻	3周	1. 蚕 2. 桑叶 3. 各种树叶 4. 桑树林 5. 其他树木	1. 丝博园 2. 蚕桑文化园	童谣《采桑谣》	自主开发的园本课程

续表

序号	主题名称	主题目标（价值分析）	主题持续时间	主要资源列举			主题来源
				自然	社会	文化	
3	我们来养蚕*	1. 了解蚕宝宝一生的变化及生长周期，能用各种表征记录养蚕的过程。 2. 喜欢讨论养蚕的话题，能大胆讲述养蚕过程中发生的趣事。 3. 观察养蚕过程中出现的问题，能大胆猜测原因并解决问题。 4. 调查、了解与蚕相似的动物的外形特征及生活习性。 5. 感知和理解数与数之间的关系，比较两组物品的多少	3~4周	1. 蚕卵 2. 蚕 3. 蚕沙 4. 蚕蜕 5. 蚕蔟 6. 桑树 7. 桑果 8. 毛毛虫 9. 蜘蛛	1. 先蚕祠 2. 丝博园	1. 小满节气 2. 蚕花节民俗 3. 养蚕相关童谣、谚语等	自主开发的园本课程
4	动物大世界	1. 了解动物的形态特征、特殊本领等，发现它们与人类、气候、环境之间的关系。 2. 能够倾听同伴讲述与动物相关的知识和信息，用多种方式进行表征。 3. 能根据动物的外形特点，用绘画、手工制作等进行艺术创作。 4. 愿意持续观察、记录身边常见动物的变化过程，主动与同伴分享交流，萌发关爱和保护动物的情感	4周	1. 桑树林* 2. 蚕* 3. 幼儿园饲养角 4. 班级养殖角	1. 蚕桑文化园* 2. 镜湖公园（动物乐园） 3. 家长资源	各班的动物养殖观察日记	购买的蓝本课程

注：带*者是利用本书所谈资源开发的活动。

主题活动计划

主题活动一览表 1

年度 2021—2022　　学期 第一学期　　执行日期 11 月 15 日—11 月 26 日　　年龄班 小班　　填表人 胡清清

主题名称	持续时间	活动名称	来源	主要资源
一片桑树林*	2~3 周	走进桑树林	自主开发的园本课程	园内桑树林（丝路园东）、绘画材料及辅助工具
		和桑树比高高		园内桑树林（丝路园东）、记录表、测量工具（刻度尺、卷尺等）及辅助材料（自然材料等）
		观察落叶树		园内桑树林（丝路园东）、观察工具及辅助材料
		桑叶掉下来啦		园内树木（桑树）、绘本、记录表
		桑叶拓印画		园内桑树（北操场）、自然材料（花卉、树枝、树叶等）、拓印材料及辅助工具
		桑叶分分类		园内桑树（北操场）、其他树木树叶、记录表
		桑叶上的洞洞		园内桑树、桑叶生长各阶段照片、观察工具（放大镜、毛线、棉签等）、记录表、有关桑树的绘本
		桑树病了		园内树木、调查表、有关"大树生病"的绘本、关于如何保护树木的视频、观察工具（放大镜、手套等）、养护人员
		护桑好方法		书籍、调查表、保护桑树的视频、养护人员
		给桑树包扎		园内桑树（丝路园）、保护桑树的视频、护桑材料和工具（毛根、袜子、牛皮筋、报纸、布等）、养护人员
		桑树的影子		园内桑树（丝路园）、自然材料（树叶、树枝等）、光影材料及辅助工具
		装饰桑树		园内桑树（丝路园）、自然材料、绘本材料及辅助材料

主题活动一览表 2

年度 2021—2022　　学期 第二学期　　执行日期 3月14日—4月8日　　年龄班 中班　　填表人 胡娟

主题名称	持续时间	活动名称	来源	主要资源
绿色的春天	4周	春天的电话	购买的蓝本课程	绘本，小熊、松鼠、兔子、花蛇和狐狸玩偶，惊蛰节气文化
		春姑娘来了*		幼儿园的花草树木、与春天相关的图片、音乐《小篱笆》
		雨点种子		挂图、音乐《雨点种子》
		小雨沙沙		图谱、音频和视频
		小小气象员		气象预报视频、气象标志、天气记录表、笔
		美丽的春天		园内百花园、百果园
		花园里有什么		园内百花园、调查工具（调查表、笔、记录纸等）
		树叶的小耳朵*		园内桑树及其他各种树木、放大镜
		鸟窝里的树*		园内树屋、桑树林里的桑树，相关绘本、音乐《小鸟和大树》
		杨柳青		打击乐图谱、音乐《杨柳青》、乐器
		土豆一家		土豆、土豆制品实物、故事《土豆的一家》
		春天里的小蝌蚪		园内池塘、蝌蚪、绘画材料及辅助工具
		可爱的蜗牛		蜗牛、蜗牛的百科介绍
		蜗牛和黄鹂鸟		图谱、蜗牛、黄鹂鸟头饰、音乐《蜗牛与黄鹂鸟》
		绿色的头环		柳条、做头环的步骤图及辅助工具
		树叶花瓣贴画*		园内花草树木：桑花、迎春花、太阳花等
		春游要准备什么		帽子、食物、矿泉水、纸巾等
		春游		潜龙渠、郎中荡、目澜洲公园，春游所需物品、家长资源
		清明节		清明节介绍、踏青手势舞视频

注：带*者是利用本书所谈资源开发的活动。

主题活动一览表3

年度 2021—2022　　学期 第一学期　　执行日期 4月11日—5月13日　　年龄班 中班　　填表人 沈静雯

主题名称	持续时间	活动名称	来源	主要资源
你好，桑叶*	3~4周	我生活周围的桑树	自主开发的园本课程	幼儿家周围的桑树，调查、记录工具（调查表、笔、记录纸等）
		参观桑蚕园		太湖雪桑蚕文化园的桑树、家长资源
		桑树长芽苞了		园内桑树、记录工具（记录表）
		会喝水的桑叶		园内桑叶、实验工具（色素、水、透明杯等）
		桑叶大不同		园内不同品种的桑叶、记录工具（记号笔、记录纸等）
		桑叶排序		园内各种形状、大小的桑叶，记录、排序工具（记号笔、排序板等）
		桑树和枣树		园内桑树和枣树
		桑叶采摘忙		园内桑树、采摘工具（剪刀、篮子等）
		采桑叶		桑叶玩具（塑料）、蚕宝宝胸卡、盛放桑叶的工具（篮子）
		给蚕宝宝喂桑叶		园内饲养的蚕宝宝、园内的桑叶、记录喂食方法的工具（记号笔、记录表、时钟）
		桑叶的保存办法		园内的桑叶、保存桑叶的材料（保鲜袋、麻绳、水壶等）
		清理桑叶残渣		蚕宝宝吃剩的桑叶、清理工具
		桑叶添画		园内桑叶、画画工具（记号笔、画纸、蜡笔等）
		桑叶拼贴		园内桑叶、拼贴材料（双面胶、白纸、剪刀等）
		美味的桑叶青团		园内桑叶、制作青团的材料（糯米粉、水、豆沙等）
		桑叶堆肥		掉落在地上的桑叶、堆肥工具（剪刀、铲子、洒水壶、纸箱、收集桶或收集袋、手套等）

注：带*者是利用本书所谈资源开发的活动。

主题活动一览表 4

年度 2021—2022　　学期 第二学期　　执行日期 5月16日—6月10日　　年龄班 中班　　填表人 沈静

主题名称	持续时间	活动名称	来源	主要资源
我们来养蚕*	3~4周	采访蚕农	自主开发的园本课程	养蚕基地、蚕农、采访单、记录表
		布置蚕房		幼儿园蚕房、养蚕材料工具、辅助材料、养蚕人员
		养蚕工具		幼儿园蚕房、养蚕材料及工具、辅助工具
		蚕卵的孵化		幼儿园蚕房、孵化盒、黑布、蚕卵、油纸、温度计
		我们来喂蚕		幼儿园蚕房、养蚕材料及工具、蚕、幼儿
		特殊蚕的喂养		各种品种的蚕、养蚕工具、人工饲料、桑叶、养蚕视频
		蚕宝宝比一比		蚕宝宝、盒子、尺子、绳线、桑叶、记录表
		我的养蚕日记		蚕宝宝、调查表、养蚕照片、记录工具
		蚕宝宝吐丝了		蚕宝宝、放大镜、蚕宝宝吐丝视频
		蚕宝宝上山		幼儿园蚕房、蚕宝宝、塑料蔟、菜秆、柴笼、方格子
		采茧子		幼儿园蚕房、结茧架、收集工具（匾、篮子）
		茧子"站"起来		茧子、米、麻绳、报纸、布、各种盖子、记录表
		抽丝剥茧		视频、蚕丝制品、缫丝机、水桶、筷子、热水
		蚕宝宝的一生		蚕宝宝生长过程标本、书籍、生长视频、蚕宝宝生长各阶段照片

注：带 * 者是利用本书所谈资源开发的活动。

方案设计

主题活动方案

一片桑树林（小班）

一、集体活动　走进桑树林

活动目标

1. 尝试印画，通过自制纸团印画的方式添画桑树叶。
2. 丰富不同绘画方式带来的感受和体验，并乐在其中。

活动准备

经验准备：幼儿已经认识桑树，了解桑树的基本形态。

工具和材料投放：水粉颜料、报纸、纸巾、纸篓（每组2个）、纸团若干、背景图人手一张（画有空白树的背景图）。

活动过程

（一）出示报纸，学团纸团

师：今天老师要变一个魔术。这是什么？（展示报纸、纸巾等）瞧，它变成了什么？（教师通过魔术游戏，激发幼儿兴趣，引导幼儿学习团报纸，并用纸团玩游戏。）

（二）学习纸团印画

师：小朋友们，看这幅图，你们发现了什么？这棵桑树和我们平时看到的桑树有什么不一样？（树叶都被摘完了，变成光秃秃的了）

师：桑树好想念身上绿油油的桑叶，你们有什么办法来帮助它吗？（幼儿自由发言）

1. 感知纸团印画的神奇（出示纸团印画桑叶示范图）。

师：猜猜老师是用什么变出了桑叶？

2. 介绍纸团印画的方法。

用儿歌帮助掌握动作：捏住小纸团，蘸蘸颜料水，慢慢刮一刮，轻轻压一压，树梢树枝压一压，左边右边压一压，张张桑叶就出现。

3. 幼儿尝试操作纸团印画。

师：让我们一起来试试吧！印的时候想一想：应该把桑树叶印在树干的哪个位置？

（教师引导幼儿欣赏纸团印画的创作效果，感知纸团印画的艺术效果，并尝试用不同材料制作"纸团"，运用轻重、疏密和色彩不同的搭配方法制作各种树叶。）

（三）作品展示、分享

活动延伸

美工区：尝试使用多种材料画桑树林。

活动反思

本次活动利用生活中的常见材料，如报纸、纸巾等进行艺术创作，来表现桑树的美。但是活动材料比较单一，可以多收集一些自然材料，供幼儿自由选择并进行大胆创作。

（胡清清）

二、生活环节渗透　和桑树比高高

活动缘起

孩子们看到山坡上的桑树林后经常会在一起讨论：为什么山坡上的桑树长这么高？我们什么时候也能长得像它一样高呢？这棵桑树这么小，肯定没我们长得高。桑树的高矮激发了幼儿极大的兴趣。为了满足幼儿的好奇心和探索欲，我们利用一日活动中的餐后散步时间，让幼儿在桑树林与桑树比高矮，一起探索比较高矮的方法。

活动准备

经验准备：幼儿能观察人与物体的高矮，对比较高矮有初步的经验。

工具和材料投放：勾线笔、记录表。

活动内容和方式

餐后散步时，幼儿尝试自己与同伴、桑树比高矮，利用各种感官感知"高"和"矮"的特点，建立"高"和"矮"的概念，并用相应的词汇进行表达。

指导要点

1. 引导幼儿比高矮时站在同样高的地方，人站直，这样才能真正比出高矮。

2. 鼓励幼儿用词语"高""矮"来表述事物。

活动延伸

科学区：投放高矮不同的桑树卡片，让幼儿进行高矮排序。

活动附件

"和桑树比高矮"记录表

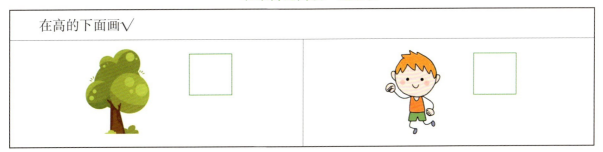

（孙碧华）

三、生活环节渗透　观察落叶树（桑树）

活动缘起

初冬，幼儿走在幼儿园里，时常会一起讨论：桑叶都掉完了，桑树变得光秃秃的，树屋里的银杏树叶也都凋落了……树木在秋冬的变化激发了幼儿极大的兴趣。为了满足幼儿的好奇心和探索欲，我们利用一日活动中的餐后散步时间在丝路园中一起观察、探究桑树和其他树木的不同，拓展幼儿对树的经验。

活动准备

经验准备：幼儿认识多种常见树，如广玉兰、桑树、梧桐树、银杏树等。

工具和材料投放：放大镜若干、小篮子若干等。

活动内容和方式

餐后散步时，幼儿利用各种工具观察秋冬季节桑树的变化，并用较清晰的语言讲述自己的观察和发现。

指导要点

1. 引导幼儿通过观察、比较等方法发现秋冬桑树的变化。
2. 鼓励幼儿观察幼儿园里其他树木的变化。

活动延伸

邀请家长利用周末或空余时间，带领幼儿走进大自然，寻找落叶树。

（戴雨飞）

四、收集活动　桑叶掉下来啦

活动缘起

"秋风吹，树叶摇，红叶、黄叶往下掉！"天气渐渐变凉，幼儿在散步时，发现幼儿园里许多树叶都离开了大树妈妈，如树屋里的银杏树、山坡上的桑树等。于是，我们追随幼儿的兴趣，带领幼儿走进落叶的世界，感受大自然的神奇。

活动准备

经验准备：幼儿了解常青树与落叶树的区别，了解一些落叶的用处。

工具和材料投放：小篮子、纸袋子、调查表等。

收集对象和内容

收集生活中常见的落叶，感受树木的多样性。

收集前谈话内容

1. 师：收集的落叶有什么用途？（观察树叶的各种形状、比较大小、做拓印等）

2. 师：去哪里收集落叶？（桑树林、操场周围的大树下、户外长廊等）

3. 师：如何分组收集落叶？（先确定地点，再自由选择）

注意事项：在捡落叶时，不要拥挤，要注意安全。

收集后汇总、展示、交流和讨论

1. 有的落叶皱巴巴的，有的落叶很平整。

2. 落叶有大有小，形状不一。

3. 师：如何对这些落叶进行分类？这些落叶适合被放在班级的哪些区域？（把皱巴巴的树叶集中起来，送到厨余垃圾桶进行堆肥；把平整的树叶一部分放在美工区，一部分放在数学区）

活动延伸

科学区：对收集的树叶进行分类。

活动附件

"秋天的落叶"记录表

秋天的落叶		
我见过的	我 ♥ 的树叶	树叶的
（我见过的树叶）	（我喜欢的树叶）	（树叶的颜色）

（沈晓红）

五、区域活动　桑叶分分类

经验联结

在捡桑叶时，幼儿发现掉落的桑叶颜色、大小不一。为了满足幼儿的探究愿望，我们将本次活动延伸到数学区域，让幼儿在生活中体验数学的乐趣。

活动目标

认识颜色、大小标记，根据桑叶的颜色、大小标记进行桑叶比较，对桑叶进行分类。

活动准备

经验准备：幼儿有分类、比较的前期经验。

工具和材料投放：桑叶若干、大小标记、幼儿操作材料。

活动内容

幼儿观察颜色、大小标记的特征，并尝试用动作表示大小标记；根据标记，对颜色、大小不一的桑叶进行比较和分类。

活动要求

1. 观察各种标记的不同特征。
2. 在比较桑叶的颜色、大小的同时，根据标记对桑叶进行整理分类。

指导要点

指导幼儿在比较时分清不同的标记。

活动延伸

美工区：对整理好的桑叶进行美工创作，美化环境。

活动附件

"桑叶分分类"记录表

桑叶分分类	
（绿色）	
（黄色）	
（大）	
（小）	

（王晓莉）

六、集体活动　桑叶拓印画

活动目标

1. 了解桑树的基本特征，知道桑树在不同季节的变化。
2. 尝试用不同材料进行艺术创作，具有初步表现美和创造美的能力。

活动准备

经验准备：幼儿对桑树有一定的了解。

工具和材料投放：幼儿园桑树林的四季照片、桑叶、颜料、卡纸。

活动过程

（一）图片导入，引导幼儿观察桑树林在不同季节的特点

师：春天桑树是什么样子的？到了夏天，桑树林又是什么样子？（教师重点引导幼儿感受桑树树叶的变化，如在春天是嫩绿色的，小小的；到了夏天，叶片舒展长大，颜色转为深绿。）

（二）认识材料，学习树叶印画

1. 师：怎样可以把桑树叶子永远保存下来呢？（幼儿自由讨论）
2. 师：你们可以利用老师准备好的工具把桑叶变到白纸上吗？
3. 教师进行指导，个别幼儿尝试示范。

小结：对拓印材料进行敲打后，把纸紧紧覆盖在材料上进行创作的方式叫作拓印，我们可以利用工具敲打桑叶，并把桑叶的形状拓印到卡纸上。

（三）幼儿创作，教师指导

1. 用卡纸粘贴桑树树干。
2. 选择大小不同的桑叶进行拓印。

（教师进行巡回指导，若发现部分幼儿拓印不成功，则引导幼儿发现用桑叶的背面贴白纸更容易拓印。）

（四）作品展示，师幼互评（鼓励幼儿在同伴前大胆介绍自己的作品）

活动延伸

美工区： 收集幼儿园里的其他树叶进行拓印。

活动反思

桑树是幼儿园内常见的树木资源，幼儿在活动中对桑树的四季变化有了进一步的了解。活动结束后，还可以在其他区域投放一些树木资源，如树叶、树枝等，引导幼儿发现身边的自然资源，从而萌发亲近自然、热爱自然的情感。

（胡清清）

七、生活环节渗透　桑叶上的洞洞

活动缘起

幼儿在日常饲养蚕宝宝、采摘桑叶的过程中，发现许多桑叶上出现了小洞洞，这激发了他们极大的好奇心：为什么桑叶上会出现这么多小洞洞呢？这些洞洞是从哪里来的呢？为了满足幼儿的好奇心和探索欲，我们利用一日活动中的离园环节，尝试让幼儿探索桑叶上的洞洞是怎么来的。

活动准备

经验准备：幼儿认识多种昆虫。

工具和材料投放：放大镜若干、手套若干等。

活动内容和方式

在离园活动环节，教师和幼儿一起猜测桑叶上有许多洞洞的原因。教师引导幼儿利用观察工具如放大镜等，在离园时间，在户外寻找桑叶上出现洞洞的原因，并做好记录。

活动中的指导

1. 在进行户外观察时，提醒幼儿保护桑树。
2. 在观察中，提醒幼儿发现昆虫并注意安全。

活动延伸

科学区：收集各种有洞洞的树叶，看看哪种树木的树叶比较多，以及小动物们爱吃什么树叶。

活动附件

"桑叶上的洞洞"记录表

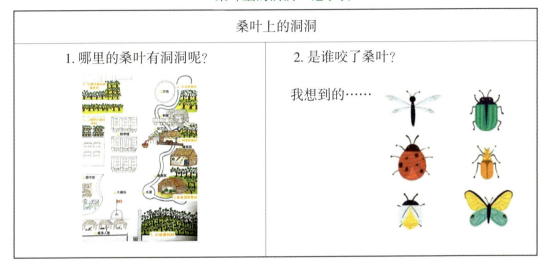

（计晓平）

八、集体活动　桑树病了

活动目标

1. 知道树木生病治疗的简单方法，大胆地表达自己的观点。
2. 能够主动关心生病的树木，萌发爱护树木和保护树木的情感。

活动准备

经验准备：幼儿有照顾生病植物的经验。

工具和材料投放：桑树生病图片、放大镜、勾线笔、白纸等。

活动过程

(一)谈话导入——引发兴趣

1.师:前两天,我们去了桑树林,发现桑树下有许多的小黑点,这是怎么回事呢?

(教师利用幼儿观察到的现象导入活动,激发幼儿的兴趣,让幼儿调动自己的已有经验,大胆自由地进行表述。)

2.师:原来桑树生病了,可能是桑树里有小虫子了,小朋友提议我们去帮桑树治病,那我们该怎么帮助它呢?

(二)讨论分享——了解桑树生病的症状及原因

1.组织幼儿分组讨论:桑树为什么会生病呢?我们怎样做才能帮助它呢?

2.幼儿分享小组观点,教师记录幼儿的观点和想法。

3.教师协助幼儿梳理以上观点,找到恰当的解决方式。

小结:桑树生病了,我们可以给桑树捉虫、修剪树枝、找养护工人帮忙打农药等。平时,我们也要多留意观察桑树,在大家的关心和照顾下,桑树一定会好起来的。

(三)户外探索——给大树"体检"

1.幼儿利用放大镜等,在户外寻找生病的大树,并用自己的方式进行记录。

2.幼儿分享自己的发现,尝试表达从哪些方面判断大树生病了。

3.教师邀请养护工人讲解如何保护树木、帮树木除虫等。

活动延伸

阅读区:让幼儿阅读绘本《小苹果树找医生》,了解鸟类也是大树的医生。

活动反思

听完养护工人的分享后,幼儿知道了许多给树木治病的专业方法,但这对于小班幼儿来说,实

践起来是比较困难的。对于桑树被虫蛀的问题，我们可以借助家长资源、网络资源等给幼儿解答，使幼儿有更丰富的生活经验。

（陈丽娟）

九、集体活动　护桑的好方法

活动目标
1. 尝试用多种材料和方法为桑树保暖，萌发爱护桑树的情感。
2. 能根据自己的兴趣选择游戏任务，与同伴一起完成任务。

活动准备
经验准备：幼儿观察过养路工人是如何养护小树的。

工具和材料投放：稻草席、各种绳子、蛇皮袋、麻袋、旧床单、塑料纸、石灰水、剪刀、记号笔、双面胶、透明胶、别针等。

活动过程
（一）经验导入——讨论人们保暖的方式

（二）引导幼儿交流讨论：给桑树保暖的材料与方法

师：在寒冷的冬天，我们怎样给桑树保暖呢？（根据人们保暖的生活经验来讲解如何给桑树保暖，重点围绕方法、材料进行讨论。）

（三）分组讨论，分工合作：学做小小护树员

1. 幼儿分组讨论用哪些材料、什么方法来给桑树保暖。
2. 各小组交流讨论结果。
3. 幼儿去桑树林分组操作，教师巡回观察，必要时给予适当的提示和指导。

（四）交流分享

各小组展示操作成果，分享自己的操作方法和过程。（重点引导幼儿说清楚使用的材料和方法，以及是如何分工合作的）

活动延伸

美工区：幼儿自主设计、制作不同的树牌标志。

科学区：幼儿对各组的操作方式进行罗列和筛选，筛选出更好的保护桑树的办法。

活动反思

在讨论与尝试给桑树保暖的活动中，幼儿与多种园内资源进行互动，不仅利用了班级美工区的一些常用工具材料，如剪刀，还充分利用了园内草编区的稻草、麻绳等自然资源，以及废旧材料如旧床单等，这体现了资源的可利用性。

（胡清清）

十、劳动活动　给桑树包扎

活动缘起

散步时，幼儿发现许多桑树枝干被折断了。回到教室，幼儿对此进行了讨论：桑树枝干折断了怎么办呢？我们怎么帮助它呢？等等。有幼儿提议说："我们一起给桑树包扎一下吧！"于是我们追随幼儿的兴趣，一起开始护桑行动。

活动准备

经验准备：幼儿知道受伤后应该对伤口进行包扎。

工具和材料投放：布条、绳子、稻草、毛根、透明胶、剪刀等。

活动内容

通过给桑树包扎的实践活动，幼儿初步了解包扎的基本方法，并且萌发保护桑树的情感。

活动前谈话

教师引导幼儿交流讨论该怎么包扎、用什么来包扎，以及给桑树包扎的材料与方法有哪些等（通过回忆生活中的已有经验，重点围绕材料和方法进行讨论）

指导要点

1. 教师巡回观察，若发现幼儿在打结、使用剪刀时遇到问题或有困难，则进行讲解或给予帮助。
2. 提醒幼儿用剪刀时注意个人安全，不要弄伤自己。

活动后交流和讨论

教师与幼儿一起查看包扎好的桑树，交流分享各组的包扎方法和用到的材料。（引导幼儿说一说使用的材料和方法，在包扎的过程中有没有碰到困难，以及他们是如何完成合作的）讨论、投票选出最好用的包扎方法。

活动延伸

美工区：投放材料，制作保护树木的"指示牌"。

（高丽丽）

十一、区域活动　桑叶的影子

经验联结

幼儿对桑叶的形状有基本的认识，有玩影子游戏的经验，本次活动从树叶延伸到影子游戏，让幼儿体验探索影子的乐趣。

活动目标

按桑叶的形状、大小等特征，探索出不同的桑叶的影子形象。

活动准备

经验准备：幼儿会用剪刀，并能进行一定的裁剪活动、会玩影子游戏等。

工具和材料投放：桑叶、剪刀、影子游戏投影箱、手电筒等。

活动内容

幼儿根据自己设计的影子游戏主题，选择桑叶或裁剪桑叶的大小、形状，进行投影游戏。

活动要求

1. 在教师的帮助下，幼儿沿着桑叶轮廓剪出各种动物形象。
2. 掌握玩影子游戏的方法。

指导要点

教师要指导幼儿根据自己设计的主题来选择或裁剪桑叶的大小、形状。

活动延伸

表演区：幼儿利用桑叶的投影合作创演影子情景剧。

（阮金芳）

十二、区域活动　装饰桑树

经验联结

通过对桑叶的认识，幼儿发现桑叶的不同特征，也了解到与桑树息息相关的周边事物的特征，本次活动将生活中的经验延伸到美工区活动，让幼儿根据桑树的特征进行创作，体验动手创作的乐趣，在成功的喜悦中建立起对美工活动更为持久的兴趣。

活动目标

1. 欣赏桑树的自然美，选择自己喜欢的事物进行创作。
2. 欣赏自己及同伴装饰的大树，提高审美情趣。

活动准备

经验准备：幼儿认识并了解桑树的特征及桑树周围的生态环境。

工具和材料投放：桑树树干或树枝，树叶、彩纸、胶水、水彩笔、颜料、纸巾、毛根，以及树枝、贝壳、石头等。

活动内容

幼儿将收集到的桑树的树干和树枝投放到美工区,利用各种不同的材料,以绘画、剪贴等自己喜欢的方式装饰桑树。

活动要求

1. 在使用材料和工具的过程中注意安全。

2. 自主选择材料进行创作。

指导要点

教师指导幼儿在创作美工作品时,用自己喜欢的方式、材料装饰桑树。

活动延伸

美工区:将幼儿的作品拼贴成一片属于他们自己的"桑树林",装饰、美化教室。

(胡清清)

⭐ 我们来养蚕（中班）

一、调查活动 采访蚕农

活动缘起

为了让幼儿进一步走进蚕宝宝的世界，了解蚕宝宝的外形特征、生长环境等，我们鼓励幼儿通过采访蚕农的方式记录收集到的资料，进一步激发幼儿探索蚕宝宝的欲望。

活动准备

经验准备：幼儿看过有关记者采访的视频片段，知道记者采访的方式和需要的设备。

工具和材料投放：自制的采访道具和采访证、采访记录表、笔。

调查对象和内容

采访桑蚕园的蚕农，向蚕农们了解蚕宝宝的饲养方式、生长环境等，并用简单的方式对采访到的信息进行记录。

调查前的谈话

（一）"采访我知道"——引导幼儿了解如何采访别人

师：小朋友，你们听说过记者吗？你们知道记者有什么本领吗？他们去采访的时候，通常要带上什么工具？他们在采访时会说什么？

（二）明确采访对象和内容

1. 师：为了更好地了解蚕宝宝，你们准备采访谁？在哪里可以找到他们？你们想要向他们了解关于蚕宝宝的什么问题？怎样才能让别人愿意接受你们的采访呢？

2. 教师请幼儿学习记者采访时使用的礼貌用语，如"我可以问您问题吗？""您能接受我们的采访吗？""谢谢您的合作"等。

（三）自主分组

每个小组确定一位蚕农进行采访。

调查后的汇总和讨论

1. 幼儿介绍本组的记录表。

（教师引导幼儿用自己的方式、方法进行采访记录，并大胆分享自己采访后得到的信息，从而让幼儿真正体会如何做一名小记者。）

2. 师幼一起整理，汇总通过采访得到的信息。

活动附件

"采访蚕农"记录表

采访蚕农			
采访人		采访日期	
采访内容			

（杨婷婷）

二、区域活动　布置蚕房

经验联结

蚕宝宝一天天在长大，从原来小小、黑黑的的蚁蚕变成了粗粗壮壮的，原本的孵化盒显得很拥挤，幼儿想让蚕宝宝们住得更加舒适，于是便有了布置蚕房的想法。中班幼儿经常用绘画、手工制作等方式进行艺术活动。在本次布置蚕房的活动中，幼儿能根据蚕宝宝喜欢的生活环境大胆对蚕房进行艺术创造，并合理分配每一间蚕房的蚕宝宝数量，感知蚕宝宝的生长变化及其基本条件。本次活动是养蚕活动的前置活动。

活动目标

1. 在布置蚕房的活动中，体验参与、合作解决问题的快乐。
2. 增强小主人翁意识，增长与养蚕相关的经验。

活动准备

经验准备：幼儿知道蚕宝宝的生长环境要求及所需设备。

工具和材料投放：小蚕匾、纸盒、温度计、湿度计、无味的美工材料。

活动内容

幼儿在他人的帮助下收集、购买所需的养蚕材料，根据实际情况设计蚕房，尝试将其画在图纸上，并一起布置蚕房。

活动要求

1. 在设计蚕房的时候，要根据实际空间大小进行高度和宽度的测量。
2. 在制作蚕房时，选择不同的工具使蚕房更加坚固。
3. 根据蚕宝宝的生活习性及数量，为它们打造适宜的蚕房内部环境。

指导要点

1. 教师指导幼儿尽量选择安全、无味、耐用的蚕房材料。
2. 教师指导幼儿根据蚕宝宝喜欢的生活环境进行布置，要考虑湿度、温度。

活动延伸

科学区：放入温度计和湿度计，观察温度计和湿度计的数值变化，记录可能引起数值变化的环境、天气等方面的原因。

活动附件

"布置蚕房"计划表

布置蚕房	
1.需要哪些工具？	
2.我的设计	

（陈 玲）

三、收集活动　养蚕工具

活动缘起

每到春天，幼儿园的养蚕活动都是孩子们最期待的。自从班级里有了蚁蚕后，孩子们就吵着要照顾它们。可是怎么照顾呢？需要什么工具呢？于是，一个养蚕工具收集活动就这样诞生了。

活动准备

经验准备：幼儿具备一些养蚕经验。

工具和材料投放：蚕匾、鹅毛、放大镜、蚕网、油纸、温度计、湿度计等。

收集对象和内容

收集养蚕用的蚕匾，知道蚕匾在养蚕过程中的重要用途；收集蚕网，了解蚕网的作用；收集温度计，知道温度计可以用来感知温度的变化，了解什么样的温度才是适合蚕宝宝生长的。

收集前谈话

教师通过幼儿的已有经验，在谈话中让幼儿初步了解养蚕需要的工具，和幼儿一起讨论收集工具的方法：可以从家里或身边的朋友那里收集；可以用合适的材料制作代替；可以通过网上购买的方式收集。教师引导幼儿在可以收集到的工具上贴上自己的名字标签，以小组为单位，看看哪组幼儿收集到的工具较多。

收集后汇总、展示、交流和讨论

以小组为单位，把收集到的材料陈列在展示区，并通过画标记的方式，制作一张小组工具材料单。幼儿在参观展示区的同时，可以探究并讨论工具的材质、工具的名称、工具的用途等。

活动延伸

科学区：饲养几条蚕宝宝，让幼儿利用收集到的工具饲养蚕宝宝。（通过实际操作，引导幼儿进一步了解如何正确使用工具，从而了解照顾蚕宝宝时工具的使用注意事项。）

（沈　静）

四、生活环节渗透　蚕卵的孵化

活动缘起

幼儿对黑黑的小蚕卵充满了好奇，都想知道里面藏着什么，怎么才能孵化它。通过谈话，他们知道蚕卵的孵化需要很多方面的条件，如温度、湿度、暗房等。此活动可以渗透在晨间活动中。

活动准备

经验准备：幼儿对蚕卵及卵生小动物的孵化有一定的了解。

工具和材料投放：蚕卵、桑叶、黑布、白纸、感光灯、塑料膜、加湿器。

活动内容和方式

在晨间生活环节，基于已有的知识和经验，幼儿尝试分组制作孵化盒，对蚕卵进行孵化，并进行观察记录。当温度、湿度不符合孵化要求时，要及时调整孵化环境。

指导要点

在制作孵化盒时，教师可以给予一些指导，并与幼儿一起注意孵化盒中的湿度与温度情况。

活动延伸

美工区：幼儿可以用自己的方式将蚕卵孵化的变化画下来或记录下来，并装订成一本自制书。

（沈　静）

五、生活环节渗透　我们来喂蚕

活动缘起

蚁蚕孵化后，幼儿对喂养、照顾蚕宝宝充满了期待，迫切想知道如何喂养蚕宝宝，都想尝试喂养蚕宝宝。此活动可以渗透在晨间活动中。

活动准备

经验准备：幼儿对喂养蚕宝宝有初步的了解。

工具和材料投放：剪刀、不同种类的桑叶、养蚕工具等。

活动内容和方式

在晨间生活环节，幼儿基于已有经验，尝试采摘、挑选、裁剪桑叶，喂养蚕宝宝，并在此过程中对蚕宝宝的进食情况进行观察记录。当喂养桑叶数量不符合蚕宝宝的需求时，应及时予以调整。

指导要点

1. 教师提醒幼儿蚕宝宝不喜欢防蚊水的味道。
2. 教师指导幼儿掌握正确喂养蚕宝宝的方法。
3. 对幼儿在喂养活动过程中提出的问题，尽可能让他们通过实践体验的方式去解决。

活动延伸

美工区：幼儿将喂养蚕宝宝的过程用绘画的方式记录下来，并装订成一本自制书。

（陈竹君）

六、劳动活动　特殊蚕的喂养

活动缘起

在一次区域活动中，孩子们像以往那样，用绘画的方式记录着他们观察到的蚕宝宝。不一会儿，对于其中一位小朋友画的彩色蚕宝宝，孩子们开始争论起来。大部分幼儿对普通蚕宝宝的喂养有了较为丰富的经验，但对于"彩蚕"这一特殊品种的蚕，他们还是第一次听说，因此对其充满了好奇，都想尝试喂养这种特殊的蚕宝宝。

活动准备

经验准备：幼儿有一定的喂蚕经验。

工具和材料投放：不同品种的蚕种、桑叶、饲料（人工、自然）、养蚕工具等。

活动内容

认识不同品种的蚕，通过学习了解特殊的蚕宝宝的喂养方式、生活习性；收集、购买特殊的蚕宝宝的食物，尝试喂养特殊的蚕宝宝并做好记录；分享并总结特殊的蚕宝宝的喂养情况，即自己是如何喂养特殊的蚕宝宝的。

活动前谈话

1. 通过谈话，幼儿进行自由讲述，分享自己的养蚕经验。

2. 通过网络，学习特殊的蚕宝宝需要什么样的生活环境，以及需要准备哪些工具和饲料。

3. 通过学习，制定针对特殊的蚕宝宝的养蚕公约，对同伴和其他班级幼儿做好注意事项的提醒，如不要害怕一些长得比较特殊的蚕宝宝，蚕宝宝不喜欢防蚊水的味道，等等。

指导要点

1. 教师指导幼儿掌握正确喂养特殊的蚕宝宝的方法，学习使用工人饲料。

2. 对于幼儿在饲养活动过程中提出的问题，教师鼓励他们通过自己的探索与发现去解决。

活动后交流和讨论

教师组织幼儿进行活动后的交流和讨论，在活动过程中协助幼儿记录问题，总结经验。

1. 问题：

（1）蚕宝宝最喜欢吃什么？除了桑叶外，还能吃什么？

（2）怎么清理蚕宝宝的粪便？

（3）蚕宝宝可以在哪里结茧？我们需要为此准备些什么？

（4）蚕宝宝都是白色的吗？彩色的蚕茧是怎么来的？

2. 经验：蚕宝宝一般都吃桑叶，但也会吃一些其他蔬菜的叶子，特别是一些品种比较特殊的蚕。但是，也可以喂养人工饲料。

活动延伸

科学区：观察不同品种的蚕的特征，并对蚕进行分类；观察是否所有的蚕都会吐丝。

（胡军婷）

七、区域活动　蚕宝宝比一比

经验联结

在饲养蚕宝宝的过程中，虽然每天喂养的桑叶的时间及数量都基本相同，但是幼儿也发现蚕宝宝有的粗、有的细，有的长、有的短，有的蚕宝宝吃桑叶的速度很快，有的爬得很快……幼儿能通过观察，比较蚕宝宝的长短、粗细等。同时，他们有使用工具测量长度的经验及进行观察记录的经验。本次活动的目标是引导幼儿通过各种手段及工具使用对蚕宝宝做进一步的比较。本次活动是观察记录的前置活动。

活动目标

运用多种材料对蚕宝宝进行观察、比较，获取更多有关蚕宝宝的信息与相关经验。

活动准备

经验准备：幼儿通过集体活动了解了尺子的作用，并学会了读刻度。

工具和材料投放：蚕宝宝、盒子、尺子、绳线、桑叶、记录表。

活动内容

幼儿利用收集到的各种测量工具、材料，对蚕宝宝的身形、爬行情况及进食速度等进行比较，并对蚕宝宝进行分类。

活动要求

1. 教师提醒幼儿轻轻地拿取蚕宝宝。
2. 要在记录纸上对每次测量做好记录，以便和前一次的数据进行对比。

指导要点

1. 教师指导幼儿在使用尺子的过程中从"0"开始测量，仔细数一数刻度。
2. 测量结束后，教师提醒幼儿及时给蚕宝宝喂桑叶，照顾好蚕宝宝。

活动延伸

几次测量后，可以让幼儿观察、比较蚕宝宝的其他特点，如哪条蚕宝宝爬得较快、哪条蚕宝宝吃得较多等，并做好记录。

活动附件

"测量蚕宝宝"记录表

蚕宝宝比一比					
日期	测量工具	1号	2号	3号	4号

（盛 玲）

八、生活环节渗透　我的养蚕日记

活动缘起

在饲养蚕宝宝的过程中，幼儿每天都有新发现，也会在一起讨论。有了观察记录经验后，幼儿也会自主地对蚕宝宝进行观察、记录。蚕宝宝每天的变化是很明显的，因此幼儿每天都能通过表征方式记录蚕宝宝生长的不同形态。此活动可以渗透在晨间活动中。

活动准备

经验准备：幼儿有一定的观察记录经验。

工具和材料投放：幼儿园蚕房、养蚕的各种工具、观察记录表。

活动内容和方式

在晨间生活环节，幼儿做好观察记录，尝试表征当天的观察发现，并与前一天的观察记录进行对比，发现蚕宝宝的生长变化，提升科学探究能力及表征能力。

指导要点

1. 教师指导幼儿利用工具进行观察，并大胆地进行表征记录，尝试猜想蚕宝宝变化的原因。
2. 在观察时，教师提醒幼儿不要伤害蚕宝宝。

活动延伸

阅读区：分享自己的养蚕日记。

美工区：利用辅助材料对自己的日记本进行装饰。

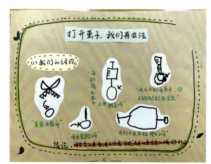

（周晨琪）

九、集体活动　蚕宝宝吐丝了

活动目标

1. 认识蚕宝宝体内特殊的身体器官——丝腺。
2. 了解蚕宝宝吐丝的全过程，知道蚕宝宝的丝是从它的口器中吐出来的。
3. 在观察中进一步了解蚕宝宝，萌发喜欢蚕宝宝的情感。

活动准备

经验准备：幼儿有一定的养蚕经验，知道蚕宝宝会吐丝。

工具和材料投放：蚕茧、蚕宝宝吐丝视频。

活动过程

（一）和幼儿一起观察蚕茧

讨论：这是什么？蚕宝宝的丝是从哪里吐出来的？

（教师通过和幼儿一起观察，激发幼儿的兴趣，引导幼儿对蚕吐丝产生好奇，并大胆自由地进行表述。）

（二）介绍蚕宝宝体内特殊的身体器官——丝腺，了解蚕宝宝是如何吐丝的

1. 观看视频，讨论蚕宝宝是如何吐丝的。
2. 了解体内有丝腺的动物。

（通过观看视频的方式，知道蚕的体内有丝腺。）

（三）活动小结

用图画的方式记录蚕宝宝吐丝的样子。

活动延伸

科学区：探究还有哪些昆虫会吐丝，并观察它们是从哪个部位吐丝的。

活动反思

幼儿都能积极参与本次活动。在讨论与分享经验的过程中，幼儿既培养了语言表达能力，又对昆虫有了进一步的了解。

（莫美华）

十、集体活动　蚕宝宝上山啦

活动目标

1. 了解蚕宝宝上山的含义和蚕宝宝在这个阶段的状态。
2. 知道蚕宝宝上山时的养护方法。
3. 感受蚕宝宝神奇的生长过程。

活动准备

经验准备：幼儿了解蚕宝宝上山的原因及意义。

工具和材料投放：蚕宝宝吐丝图片或视频、柴笼、结茧网、方格蔟。

（一）出示蚕宝宝吐丝的图片，激发幼儿的兴趣

1. 讨论蚕宝宝什么时候会吐丝，了解蚕宝宝上山的相关情况。

2. 观察蚕宝宝什么时候会吐丝。

3. 找一找蚕宝宝结茧都会结在怎样的地方。

4. 观察多种蚕宝宝上山的图片，了解其他的"山"。

（二）了解蚕宝宝上山的注意事项和准备工作

1. 师：蚕宝宝上山时我们应该怎么办？请你和好朋友讨论一下，把你们的结果画下来。

2. 师：请介绍一下你们的讨论结果。

（三）制作蚕宝宝的"山"

1. 师：种植区的蚕宝宝也要上山了，想请小朋友们帮帮忙，你们愿意吗？

2. 师：你们想用什么材料制作蚕宝宝的"山"？哪里有这些材料？怎么做？

活动延伸

美工区：利用各种材料制作各种"山"，装饰"山"，也可以探究如何制作与众不同的"山"。

活动反思

幼儿对于"上山"这一词的理解还是很模糊的，他们通常会将其理解为蚕宝宝需要结茧了。通过本次活动，幼儿充分利用各种资源（常规材料和辅助材料），通过自己的创意制作"山"，观察蚕宝宝结茧，从而在实际操作中更形象地理解"上山"。

（严依婷）

十一、劳动活动　采茧子

活动缘起

蚕宝宝已经在各个"山"上结茧了，茧子密密麻麻的像一个个长着绒毛的蛋。幼儿了解到，再过一段时间蚕蛾就要从茧子里孵出来了，再不及时采掉茧子就会破坏茧子了，采茧子活动就此产生。

活动准备

经验准备：幼儿观看了采茧子的视频，初步了解采茧子的方法。

工具和材料投放：采茧工具（匾、篮子等）。

活动内容

幼儿通过网络了解如何在不破坏茧子的情况下采茧子，尝试运用各种工具采茧子和收茧子，并记录自己采到的茧子数量，分享劳动经验，最后通过视频学习如何正确处理采下来的茧子。

活动前谈话

师：蚕宝宝结了很多茧子，接下来需要怎么办呢？你知道怎么采茧子吗？采茧子的时候需要注意什么呢？需要用到什么工具？

指导要点

1. 幼儿分组采茧子，尝试使用不同的采茧子工具；记录每组采到的茧子数量。
2. 教师提醒幼儿安全使用工具，并轻采轻放。

活动后交流和讨论

问题：

1. 你使用了什么工具？怎样采得又快又多？
2. 你们组采了多少茧子？
3. 在采茧子的过程中，你发现了什么？

活动延伸

科学区：利用放大镜、测量工具观察不同的茧子，并对其进行分类。

（戴惠芬）

十二、区域活动　茧子"站"起来

经验联结

在采茧子的过程中，幼儿发现被采下来的茧子基本上都是横着"躺"在篮子里的，但他们也发现，有时候能借助一些支撑物使茧子"站"起来。在本次活动中，幼儿要运用各种方法、材料使茧子"站"起来，在与材料的互动中获得支撑物体的经验。

活动目标

1. 尝试用各种材料让茧子"站"起来，学习简单的记录方法，并大胆地用语言表达操作结果。
2. 在探索让茧子"站"起来的过程中，体验到科学探究的乐趣。

活动准备

经验准备：幼儿在物体支撑方面有初步的经验。

工具和材料投放：茧子若干、米、麻绳、报纸、布、各种盖子等。

活动内容

幼儿利用收集到的各种材料，尝试让茧子"站"起来，并记录结果。

活动要求

1. 教师提醒幼儿在取用材料时轻拿轻放。
2. 幼儿要在记录纸上对每次实验做好记录。

指导要点

1. 教师先引导幼儿尝试让茧子在平面上"站"起来。
2. 教师引导幼儿运用不同的材料进行尝试，比较用什么方法能让茧子"站"得更稳，并做好记录。

活动延伸

让幼儿说说除了在活动中尝试的材料外，还有哪些材料能让茧子"站"起来，并让幼儿讨论用什么符号来表示这些材料，商定怎么收集这些材料。

活动附件

"茧子'站'起来"实验记录表

茧子"站"起来		
使用的材料	我的猜想	实验结果

(胡 娟)

十三、集体活动 抽丝剥茧

活动目标

1. 认识生活中的蚕丝制品，知道蚕丝的来历及其与人们生活的关系。
2. 了解从蚕茧获得蚕丝的抽丝剥茧步骤，知道这叫缫丝。
3. 体验手工缫丝的乐趣，感受蚕农的智慧和辛苦。

活动准备

经验准备： 幼儿知道蚕丝是怎么来的，以及蚕丝制品的制作方式是怎样的。

工具和材料投放： 丝制品、蚕茧（一部分煮过的茧子）、热水、小苏打、筷子、绕丝工具。

活动过程

（一）观察、欣赏、感受各种丝、线、蚕丝制品

1. 师：今天老师请来了一些好朋友，你们想来看一看、摸一摸它们吗？
2. 师：谁来介绍一下你认识的新朋友是什么样的？它有什么特点？

（小结：这些新朋友都是由蚕丝做的；蚕丝是细细的；蚕丝可以做成各种各样的物品；蚕丝制品摸起来软软、滑滑的，还有光泽。）

（二）了解"蚕茧→丝→线→丝绸"的过程

幼儿观看缫丝、纺织等相关视频，了解丝绸制作工艺、工序等。

（三）引导幼儿关注、讨论是蚕丝怎么来的

1. 师：蚕茧是怎么变成蚕丝的？你们说说从视频中看到的现象吧。
2. 幼儿重点讨论手工缫丝的方法、步骤。

（四）尝试进行手工缫丝

1. 幼儿认识缫丝工具，了解缫丝操作步骤。

师：这些工具是什么样的？我们来认识一下这些工具吧！

2. 幼儿尝试手工缫丝。

师：谁想来试试怎么抽丝？（分小组进行缫丝操作）

(通过实际操作，重点掌握找丝头、绕蚕丝的方法。)

活动反思

幼儿都知道蚕宝宝会吐丝结成茧子，但是对于怎么把茧子变成蚕丝，从而再一步步制作成丝制品，幼儿是缺乏认知的，所以我们选择幼儿可以参与体验的手工缫丝环节，先通过观看视频，让幼儿初步了解手工缫丝的方法、步骤，再利用现有资源和条件，让幼儿亲身感受找丝头、绕丝这两个缫丝难点环节。

（沈　静）

十四、集体活动 蚕宝宝的一生

活动目标

1. 对蚕宝宝的生长过程有更为清晰的认识。

2. 用清楚连贯的语言讲述自己的饲养经验。

活动准备

经验准备：幼儿对蚕宝宝有一定的认识，了解蚕宝宝的饲养方法。

工具和材料投放：关于蚕宝宝的一生的视频、观察记录本、记录笔、手机、摄影机等。

活动过程

（一）出示蚕卵图片，引发幼儿讨论的兴趣

师：这是什么？（出示图片）

（通过蚕卵的图片，教师引导幼儿回忆对蚕的已有经验。）

（二）观看视频，交流蚕宝宝的生长变化

1. 让幼儿仔细观察不同阶段蚕宝宝的特征。（出示有关蚕宝宝的一生的视频）

2. 师：蚕宝宝刚孵出来时是什么样子的？

3. 师：蚕宝宝长大后有什么变化？

4. 师：最后蚕宝宝变成了什么？蚕宝宝身上还有哪些有趣的事情？

（教师引导幼儿通过对视频、图片的观察，发现蚕在不同阶段呈现出的不同外形特征，并通过有针对性的提问，引导幼儿重点关注蚕在不同阶段的特点。）

（三）分享经验，交流喂养经历，体验收获的快乐

1. 师：小朋友们都饲养过蚕宝宝，谁可以和我们分享一下你的喂养经历？（幼儿自由分享）

2. 师：小朋友们还提到了许多工具，它们是怎么帮助我们饲养蚕宝宝的？（出示实物）

（小结：原来饲养蚕宝宝不是一件容易的事情，我们需要准备一个好的饲养环境、一些饲养工具，每天观察并及时记录蚕宝宝的状态，还要及时给它采摘新鲜桑叶，注意许多小细节，只有这样才可以让蚕宝宝健康地长大。）

（四）亲身体验，鼓励幼儿用身体动作表现蚕宝宝的生长变化

1. 师：现在小朋友们马上就要变身成可爱的蚕宝宝们了。

2. 师：想一想，你想表现哪一个阶段的蚕宝宝呢？请你们大胆地演一演吧！

（幼儿化身一条条可爱的毛毛虫，教师引导他们选择不同阶段的蚕宝宝的特点进行表现。）

活动延伸

美工区：尝试用连环画的形式将蚕宝宝的一生表现出来。

活动反思

在本次活动中，我们充分利用了园内资源——桑房、桑树林等，并调动了幼儿饲养蚕宝宝的经验，并通过前期在桑房收集的展现蚕宝宝成长过程的素材，让幼儿更加直观地感受到蚕宝宝的生长变化。

（陈 怡）

系列活动方案

清理蚕沙（中班）

一、集体活动　认识蚕沙

活动目标

1. 了解蚕沙是蚕宝宝的排泄物。
2. 通过各种感官感知、认识蚕沙的主要特征。

活动准备

经验准备：幼儿对蚕宝宝有一定的了解。

工具和材料投放：班级饲养的蚕、有关蚕沙的视频或图片。

活动过程

（一）展示所饲养的蚕宝宝的照片，引出话题

如：黑黑圆圆的是什么？从哪来的？有味道吗？

（二）多感官观察、认识蚕沙，并交流感受，提出疑问

1. 幼儿看一看、摸一摸、闻一闻蚕沙，说一说感受。
2. 幼儿用自己的方式记录观察到的蚕沙情况。
3. 幼儿分享观察结果。

（三）观看视频、图片，了解蚕沙的形成、特点等

如：蚕宝宝拉的便便都一样吗？观察蚕沙有什么用呢？

（小结：这叫蚕沙，也就是蚕宝宝的便便。了解蚕沙的状态可以判断蚕宝宝的健康状况。蚕沙

的用处很多，除了可以作植物的肥料外，还可以用作治病的药。）

活动延伸

科学区：尝试使用不同的方法和不同的工具、材料进行蚕沙的清理。

活动反思

开展这个活动不能忽略幼儿的情绪变化。幼儿起初对蚕沙的反应是"臭""恶心""不想碰"，这都属于正常反应。我们要耐心引导幼儿，通过一定的方式改变他们的认知，并使他们在实践中接受并与之产生更多的接触和互动。

（沈凤娟）

二、劳动活动　清理蚕沙

活动缘起

幼儿了解了蚕沙就是蚕宝宝的便便后，认为便便是脏东西，有细菌，不清理就不卫生，蚕宝宝就会生病，因此萌生了清理蚕沙的想法。及时清理蚕沙，保持蚕座清洁卫生，确实可以改善蚕室内的空气条件，减少病原物的感染，是养蚕过程中必须要做的事。

活动准备

经验准备：幼儿有使用简单工具、材料的经验。

工具和材料投放：小铲子、小夹子、手套、小木棒、弹簧、吸管、贝壳等。

活动内容

幼儿自主寻找清理蚕沙的各种工具、材料，尝试清理蚕沙，并学习记录工具、材料的使用情况，交流劳动经验，最后通过观看视频了解清理蚕沙的专业方法和工具等。

活动前谈话

师：怎么清理蚕沙？可以用什么工具、材料帮助我们清理蚕沙？清理蚕沙时要注意些什么？

指导要点

1. 教师指导幼儿分组清理蚕沙，分别尝试使用不同的工具、材料；记录这些工具的使用情况（此处提供工具使用记录表），如能否清理蚕沙、一次清理几颗蚕沙、出现的问题等。

2. 教师提醒幼儿安全使用工具、材料；提醒幼儿清理蚕沙时不要伤到蚕宝宝。

活动后交流和讨论

问题：

1. 你使用了哪几种工具？哪个工具使用起来最方便？在工具使用中，你发现了什么问题？

2. 专业的蚕农是怎么清理蚕沙的？（观看蚕农清理蚕沙的视频，认识蚕沙网等专业清理工具）

活动延伸

美工区：利用纸、布、线等其他材料进行蚕沙网的制作。

（陈小平）

三、区域活动　探秘蚕沙网

经验联结

本次活动是清理蚕沙的后延活动，幼儿了解到清理蚕沙可以借助相关工具、材料。蚕沙网等工具的普遍使用，让他们萌生了自制蚕沙网的想法。

活动目标

1. 了解蚕沙网的结构特征和作用。
2. 会利用材料制作蚕沙网。

活动准备

经验准备：幼儿有使用剪刀进行裁剪和编织的经验。

工具和材料投放：线、布、纸、记号笔、剪刀等。

活动内容

幼儿用笔在布上或纸上进行标记，并用剪刀将标记处剪成一个洞，将整块布或整张纸都剪满洞，变为网的样子；或者用线的缠绕、打结等方式编织网。

活动要求

1. 在剪之前先用记号笔进行网格的设计，标记出网洞的大小、数量和排列方式等。
2. 注意剪洞的方法，正确使用剪刀。

指导要点

1. 教师引导幼儿观察蚕沙网的特点。
2. 教师引导幼儿选择自己想要的工具、材料，尝试进行蚕沙网的设计。
3. 教师引导幼儿自制蚕沙网，如：先画再剪洞；先折叠后剪洞；把线绕在纸盒上编成网；等等。

活动延伸

养殖区：将幼儿自制的蚕沙网逐个投入使用，并观察、记录使用情况，利用晨间谈话时间等进行分享讨论。

（陈小平）

四、收集活动　蚕沙的妙用

活动缘起

幼儿亲自参与了蚕沙清理的系列活动，从一开始有些排斥到慢慢接受，再到深入了解到蚕沙是一种特别有用的"便便"，甚至对我们的身体还有很多神奇的好处。好奇心使他们想要了解有关蚕沙的更多秘密，他们开始自发收集蚕沙及与蚕沙相关的信息。

活动准备

经验准备：幼儿对蚕沙有一定的了解。

工具和材料投放：蚕沙、视频、图片等。

收集对象和内容

1. 收集养蚕过程中清理出来的蚕沙，并尝试进行蚕沙的晒干、保存等。
2. 收集有关蚕沙用途的相关信息，如蚕沙制品等。

收集前谈话

师：怎么把我们清理出来的蚕沙保存好？除了幼儿园外，还可以在哪里收集到蚕沙？（可以把收集到的蚕沙带到幼儿园）

收集后汇总、展示、交流和讨论

1. 教师对幼儿收集来的蚕沙进行分类、展示。
2. 教师出示干蚕沙和湿蚕沙，引起幼儿好奇，如：这是什么？它们有什么不一样？
3. 教师引导幼儿多感官感受干蚕沙、湿蚕沙的不同，讨论湿蚕沙是怎么变成干蚕沙的
4. 幼儿观看图片、视频，了解蚕沙的用途。如：蚕沙有什么用途？你对蚕沙的哪个用途比较感兴趣？

活动延伸

生活区：日常清理、晾晒、保存蚕沙，并尝试自制蚕沙枕。

（沈凤娟）

⭐ 护桑行动（大班）

一、集体活动 桑树伯伯过冬

活动目标
1. 初步了解其他常见树木不同的过冬方式。
2. 懂得爱护树木。

活动准备
经验准备：幼儿认识几种常见的树木（桑树、银杏树、广玉兰等），知道一些树木过冬方式。

工具和材料投放：PPT课件（各种树木的图片、冬天的景象图片）。

活动过程

(一) 谈话导入——引出过冬话题

师：冬天到了，我们会感觉非常的冷，冷的时候我们会怎么做呢？

（小结：御寒的方法有很多种，如穿冬衣、多运动等。那么，冬天里的树木会不会冷呢？有什么办法帮助它们御寒呢？）

(二) 讨论、分享桑树的过冬方式

1. 幼儿讨论桑树过冬的方式。

师：冬天，树木也需要御寒，我们一起想一想应该如何帮助桑树过冬。

2. 幼儿分享，教师将幼儿的想法记录下来。

3. 教师播放"桑树如何过冬"的视频。

4. 师：桑树过冬的方式有哪些呢？为什么要给桑树刷上白白的石灰水、绑上稻草呢？

（小结：原来树木和我们人类一样，在冬日里要御寒，并且树木御寒的方式有很多，这些方式都能帮助树木度过寒冷的冬天。）

(三) 拓展延伸——讨论不同树木的过冬方式

小组讨论：除了桑树外，其他树木是怎么过冬的？跟桑树一样吗？有什么区别？

活动延伸

美工区：收集和制作帮助树木御寒的材料。

活动反思

幼儿根据自身的过冬经验，了解到树木也是需要过冬的，从而产生对于树木过冬方式的好奇，以及探究的欲望。特别是在讨论过桑树的过冬方式后，幼儿更加好奇其他树木的过冬方式。本次活动以此展开话题，进行得更有成效性，对幼儿的经验获取也更有帮助。

（胡清清）

二、集体活动　讨论护桑行动

活动目标

1. 知道保护桑树的重要性，萌发爱护桑树的想法。
2. 对于护桑话题感兴趣，愿意与同伴交谈相关内容。

活动准备

经验准备：幼儿认识桑树，并对桑树有一定的了解，知道一些保护树木的方法。

工具和材料投放：幼儿园桑树及所在位置的照片、调查表、勾线笔、白纸等。

活动过程

（一）护桑初探——观察幼儿园的桑树

1. 教师和幼儿一起走走、看看幼儿园的桑树。

2. 幼儿观察幼儿园桑树的特征，并对比冬天的桑树和夏天的桑树有什么不一样。

3. 师：冬天很冷很冷的时候，我们是怎么保护自己的呢？我们应该怎么保护桑树呢？

（教师引导幼儿利用各种感官感知冬天的桑树和夏天的桑树的区别，从而引发冬季护桑的讨论。）

（二）亲子探究——冬季护桑亲子大调查

1. 教师下发《冬季护桑调查表》，幼儿与家长一起完成护桑调查。

2. 调查归来后，幼儿和同伴分享自己的调查结果。

师：我们应该怎么保护桑树呢？保护桑树需要哪些工具和材料？

（三）深入探究——结合幼儿园实际情况讨论护桑

1. 幼儿统计幼儿园里所有桑树的位置及数量。

师：幼儿园里一共有多少棵需要我们保护的桑树呢？它们分别在哪里呀？我们一起来找一

找吧！（出示地图）

2. 幼儿将桑树的位置及数量记录在图表上。

3. 师：通过调查，我们知道了很多护桑的好方法。那么，对于幼儿园里的桑树，我们可以用哪些更好的方法去保护它呢？我们会用到哪些工具和材料呢？

（教师引导幼儿结合幼儿园的实际情况，根据实用性对调查来的护桑方法进行排名，并梳理所需的工具和材料。）

活动延伸

美工区：画一画护桑所需的工具、材料或自己的护桑计划。

活动反思

虽然大部分幼儿已经认识桑树，但他们在统计桑树的位置及数量时仍会将其他树木误认作桑树，从而导致统计结果有偏差，教师可在活动导入部分增添"认识桑树"的环节。

活动附件

"冬季护树"调查表

冬季护树调查	
需要保护的树木	如何保护？

（胡清清）

三、区域活动　制订护桑计划

经验联结

通过前期对护桑计划的讨论，幼儿结合幼儿园的实际情况对制订护桑计划有了初步的想法。本次活动将护桑调查和讨论总结出的经验延伸到美工区活动中，让幼儿将想法落地，用不同的表现方式制订护桑计划，感受创作的乐趣。

活动目标

1. 了解计划应该具备的内容，运用表征手法将计划的相关步骤表现出来。
2. 运用多种工具、材料或不同的表现手法制订护桑计划。

活动准备

经验准备：幼儿前期对护桑情况进行了调查及讨论。

工具和材料投放：幼儿园桑树位置图、勾线笔、蜡笔、白纸、毛根、布条、超轻黏土等。

活动内容

幼儿运用多种工具、材料或不同的表现手法制订护桑计划。

活动要求

1. 制订出的护桑计划应符合幼儿园里的桑树的实际情况。
2. 幼儿根据自己的想法，运用不同方式大胆进行表现。

指导要点

教师指导幼儿结合幼儿园的实际情况制订护桑计划，并梳理所需的工具和材料。

活动延伸

科学区：投放幼儿制订的护桑计划，引导幼儿根据实用程度进行投票，并进行相关实践。

活动附件

"护桑计划"记录表

护桑计划		
幼儿园桑树分布图	我的计划	工具

"护桑计划"记录表

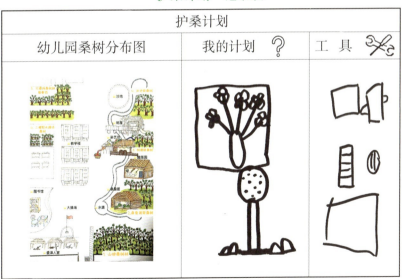

（张　艳）

四、收集活动　护桑材料

活动缘起

前期活动对幼儿园内桑树进行了调查，以便开展护桑行动。本次活动对护桑行动所需的材料进行收集，让幼儿亲身实践，了解如何保护桑树，进而亲近、爱护大自然。

活动准备

经验准备：幼儿认识幼儿园内的桑树。

工具和材料投放：大纸箱、调查表等。

收集对象和内容

幼儿面向家长收集开展护桑行动需要用到的生活材料。幼儿自主筛选材料，亲身体验如何合理运用相关材料保护桑树。

收集前谈话

问题：

1. 哪些材料可以被运用到护桑行动中？（了解如何保护桑树，以及各种工具、材料的用途）
2. 去哪里收集护桑材料？（园所、家里、社区、五金店等）

收集后汇总、展示、交流和讨论

教师展示并罗列收集到的材料，组织幼儿讨论并整理收集来的材料。（了解如何进行筛选、分类等）

活动延伸

实践运用：开展护桑行动。

活动附件

"护桑行动"记录表

护桑行动	
我想用的护桑工具	我想怎么做来保护桑树

"护桑行动"记录表

护桑行动	
我想用的护桑工具	我想怎么做来保护桑树
♡♡♡♡	🌳
🌳	🌾

（计晓平）

五、生活环节渗透　测量桑树

活动缘起

初冬季节，已经有了凉意。在一次散步中，幼儿发现桑树的一些树枝断了，掉落在了地上。这个现象激发出幼儿想要保护桑树的想法。他们有的说可以给桑树刷石灰水，有的说可以给桑树围上被子。那么，我们需要准备多少材料呢？幼儿认为需要先了解桑树的大小，于是我们尝试对桑树树干进行测量。

活动准备

经验准备：幼儿已有一定的测量经验。

工具和材料投放：吸管、绳子、筷子、毛线、各种尺子、铅笔、记号笔、自制记录表（每人一份）。

活动内容和方式

教师和幼儿一起讨论测量桑树的粗细需要用到的工具和材料，以及测量桑树的不同方法。散步时，幼儿自主选取材料和工具，两两一组，和同伴确定测量桑树的方法，并进行初步尝试，同时在记录表上做好记录。

指导要点

1. 由于树干是圆柱形的，所以要选比较软的测量工具。
2. 大家一起讨论哪种方法更为方便和直观，请幼儿试一试。

活动延伸

科学区：进行一些与物体测量相关的探究。在保证安全的前提下，除了测量树木的粗细外，还可以引导幼儿尝试测量树木的高矮。

活动附件

"测量桑树"记录表

测量桑树	
用了哪些测量工具？	
桑树有多高？	
测量中遇到的困难有哪些？	

（计晓平）

单个活动方案

一、集体活动 蚕宝宝爬呀爬（小班）

活动目标

1. 模仿蚕宝宝爬行的各种动作，增强肢体的柔韧性和平衡性。
2. 形成自我调节、克服困难的态度和能力。

活动准备

经验准备：幼儿已初步认识蚕宝宝，了解蚕宝宝的爬行特点。

工具和材料投放：音乐、爬行垫、视频、自制桑叶若干。

活动过程

（一）热身运动

教师带领幼儿听音乐做准备运动。

（二）自由探索活动

1. 教师播放视频，幼儿观察蚕宝宝爬行的方式。

师：蚕宝宝有哪些本领？你们知道蚕宝宝是怎么爬行的吗？

2. 幼儿自由探索蚕宝宝的爬行方式，教师进行观察并指导。

（三）交流分享

1. 请多名幼儿演示不同动作，全体幼儿相互交流学习。

2. 教师模仿个别幼儿的爬行动作。

3. 幼儿再次分散练习爬行动作。

（教师引导幼儿通过交流和多次尝试，掌握用身体模仿蚕宝宝蠕动爬行的方式。）

（四）做游戏："蚕宝宝吃桑叶"

教师介绍游戏场地及玩法，提出游戏要求。

（五）结束活动

1. 教师引导幼儿学蚕吐丝，变成蚕蛾。

2. 在音乐中，师幼学蚕蛾起舞，愉快地离开场地。

活动延伸

亲子实践活动： 幼儿带着蚕宝宝回家饲养。

活动反思

模仿蚕宝宝爬行能很好地锻炼幼儿肢体的柔韧性和平衡性，一开始提供的爬行垫比较宽大，幼儿会乱爬或相互碰撞，无法掌控好方向。爬行垫改为狭长形的后，幼儿自发展开爬行比赛。

（胡清清）

二、生活环节渗透 好喝的桑叶茶（中班）

活动缘起

集体活动"好喝的桑叶茶"开展之后，幼儿猜想着桑叶茶的味道，很想尝试泡一次桑叶茶。因此，"好喝的桑叶茶"活动被渗透进吃点心环节。

活动准备

经验准备：幼儿对桑叶茶的制作有初步的了解。

工具和材料投放：干桑叶、捣臼、热水壶、茶具。

活动内容和方式

在吃点心环节，教师和幼儿共同回忆泡桑叶茶的步骤。教师协助幼儿使用泡茶工具泡桑叶茶，在泡茶时提醒幼儿小心水烫。待茶水稍凉后，大家一起品尝桑叶茶、点心。

指导要点

教师指导幼儿掌握泡茶的基本步骤，并提醒幼儿倒热水时保持一定的安全距离，并等茶水稍凉以后再品尝。

活动延伸

角色区：在区域游戏中新增"茶馆"，幼儿玩泡茶、喝茶的游戏。

（胡 娟）

三、集体活动　阿巧养蚕（大班）

活动目标

1. 认真倾听并理解故事内容，初步了解"阿巧养蚕"故事的由来。

2. 愿意表达自己的想法和感受，能根据故事情节大胆进行想象和续编。

3. 喜欢民间故事，知道通过勤劳和智慧可以创造美好生活。

活动准备

经验准备：幼儿对蚕有初步的了解。

工具和材料投放：故事人物阿巧的图片、故事音频。

活动过程

（一）引出故事名称，讲述故事

1. 教师出示阿巧的图片并介绍阿巧。

师：这个小姑娘叫阿巧，她身上的衣服是怎么样的？（很破旧）

2. 教师讲述故事，引导幼儿猜想故事情节。

（1）听到小鸟说的话以后，你们觉得阿巧会怎么做？

（2）看到这样的情景，阿巧会怎么做？为什么？

（3）猜一猜：为什么阿巧回去看到的爹爹年纪很大了呢？

（4）阿巧回去会看到什么情景呢？

（教师通过提问，引导幼儿大胆想象，激发幼儿的兴趣，引发幼儿对阿巧的故事进行讨论，并鼓励幼儿大胆自由地表述。）

（二）幼儿围绕故事讨论，说说自己的想法

师：这个故事给你们的感觉怎么样？它和你们平时听到的故事有什么不同？

（小结："阿巧养蚕"是从很久以前流传下来的一个民间故事，故事里面的"白衣姑娘""仙境"都是不存在的，是以前人们的想象。）

（三）故事表演：阿巧养蚕

师：刚刚这个有趣的故事里有小姑娘阿巧、阿巧的父亲、阿巧的后母、小鸟、白衣姑娘等，我们可以选择喜欢的角色来表演故事。

（教师引导幼儿大胆参与故事表演，在表演故事的过程中，进一步帮助幼儿理解故事情节，感受民间故事这一文学体裁的魅力。）

活动延伸

表演区：提供故事中的道具、服饰，供幼儿进行故事表演。

活动反思

虽然幼儿在活动中对故事表现出了极大的兴趣，但是在猜想故事环节时还是有些放不开，这是因为幼儿接触民间故事这种文学体裁的机会比较少。我们身边的民间传说还有不少，可以利用家长资源、社区资源进行收集和整合，梳理出一系列有趣的民间故事。

活动附件

阿巧养蚕

很久以前，有一个叫阿巧的姑娘。在阿巧九岁的时候，她的母亲就永远地离开了她。后来，阿巧的父亲又娶了一个老婆，可是这个后妈非常坏，一直将阿巧视为眼中钉。有一年冬天，北风呼啸、滴水成冰，可是残忍的后妈竟然让阿巧去割青草喂羊。在天寒地冻的季节，到处都是光秃秃的，这让阿巧去哪里找青草啊？

无奈的阿巧只好拎着篮子出了门，寒风中阿巧从清晨找到晚上都没有发现一丝青草的影子。想到回家后又会遭到后妈的一顿毒打，阿巧急得哭了起来。这时，她突然听到一只小鸟对她说："割青草，半山腰！"

阿巧听到后,擦了擦眼泪,赶忙爬到了半山腰,在半山腰上果真发现了很多青草。阿巧一边走一边割,不知不觉走到了一个有很多整齐房子的地方。这些房子的墙是用白粉刷的,房顶上铺着黑瓦,旁边有一群白衣女子在采摘嫩绿的树叶。阿巧对这情景感到非常新奇,她不想离开这么好的地方,就和白衣女子们一起住了下来。

阿巧白天跟着白衣女子们采树叶,晚上就用树叶去喂一种白色的虫子。白衣女子们告诉阿巧,这种树的叶子叫桑叶,白色的虫子叫蚕。雪白的虫子长大后,能够吐出晶亮的细丝,结成"小核桃"把自己缠在里边。从"小核桃"中可以抽出丝线,用树籽给丝线染上颜色后,就可以让天上的织女将其织成云锦,给天帝绣龙衣了。

两个月过去了,阿巧想回家看看。天刚亮,阿巧就急匆匆地下山了。临走的时候,她带了几条小虫子和一捧桑果。她一边走,一边扔桑果,希望能顺着桑果找到回来的路。

阿巧回家后,爹爹已经很大年纪了,坏心肠的后妈也已经死了,阿巧这才明白她去的地方是仙境,去一日相当于人间一年。第二天,当阿巧想顺着返回时的路回到半山腰时,却发现找不到路了,而她扔下的个别桑果已经长成了大树。从此以后,阿巧就采鲜嫩的桑叶来喂养珍贵的蚕。后来,蚕就在人间繁殖下来,它们吐出的蚕丝是珍贵的纺织原料。

(朱嫣婷)

四、调查活动 蚕丝和蜘蛛丝(大班)

活动缘起

帮助幼儿了解蜘蛛和蚕各自的吐丝方法,发现它们吐出的丝各有什么用途,可以为后续开展"蚕宝宝吐丝的秘密"和"绘本《蚕宝宝和蜘蛛》"相关活动做好相应的经验准备。

活动准备

经验准备:幼儿知道一些会吐丝的动物,如蚕、蜘蛛。

工具和材料投放：白纸、笔。

调查对象和内容

幼儿向家长或养蚕人了解蚕吐丝的方法和蚕丝的作用，向教师或家长了解蜘蛛吐丝的方法和蜘蛛丝的作用。

调查前谈话

师幼讨论身边了解蚕和蜘蛛的人有哪些。教师根据幼儿的兴趣点将幼儿分为两组，分别对蚕宝宝吐丝和蜘蛛吐丝的相关情况进行调查。调查时，对吐丝的部位、吐丝的方法、丝的作用进行记录。

调查后汇总和讨论

调查结束后，两组幼儿分享调查结果，梳理出蚕丝和蜘蛛丝的相同点与不同点。如：蚕用嘴巴吐丝，蜘蛛用腹部的气孔吐丝。蚕把吐出的丝做成了茧子，把自己藏在里面；蜘蛛把吐出的丝结成了一个蜘蛛网，用来粘住小飞虫捕食。蚕丝是白色的，比较柔软顺滑，用来做成各种丝绸制品；蜘蛛丝是透明的，用来捕食。

（沈路平）

五、区域活动　桑枝的扦插（大班）

经验联结

活动源于幼儿对于桑枝的好奇，他们想尝试进行桑枝的扦插。幼儿已经具备一些植物扦插的经验。本次活动围绕如何扦插桑枝展开，是扦插活动的延伸活动。

活动目标

知道扦插是培育植物的一种方式，了解扦插的方法并进行尝试。

活动准备

经验准备：幼儿观看过桑枝的扦插视频，对桑枝扦插的方法有一定的认识。

工具和材料投放：桑枝扦插过程图、桑枝、生根剂、剪刀、泥土、花盆、水、记录本、纸、笔。

活动内容

幼儿观看桑枝的扦插过程图，讨论桑枝的扦插方法，尝试进行桑枝扦插，分享扦插桑枝的感受。

活动要求

1. 使用剪刀时注意安全。

2. 在扦插过程中及时做好记录。

3. 坚持做好桑叶每日变化记录。

指导要点

教师指导幼儿在选择桑枝的时候选择健壮、直立的桑条；剪取一定长度的桑枝，以便于扦插；及时给不同长度、不同品种的桑枝做好标签，以便于记录。

活动延伸

将扦插好的桑枝移至自然角，教师和幼儿一同制作观察记录本。教师引导幼儿每天照顾好桑枝，并及时记录桑枝的变化。

（张 艳）

六、区域活动　桑树分布图（大班）

经验联结

幼儿园内种植有许多品种不一的桑树。在数桑树时，幼儿发现幼儿园的桑树分布有的是分散的，有的是集中的。幼儿有看简单示意图的经验，因此萌发了绘制桑树分布图的想法。本次活动是数桑树活动的延伸活动。

活动目标

1. 了解幼儿园内桑树的分布情况。
2. 学会绘制简单的分布图。

活动准备

经验准备：幼儿了解什么是分布图，已会画简单的分布图。

工具和材料投放：白纸、记号笔、蜡笔、数桑树记录纸。

活动内容

幼儿根据幼儿园设施分布画出幼儿园的大致示意图,再根据数桑树记录纸上的内容,依次将桑树画在对应的位置上,合作绘制完整的桑树分布图。

活动要求

1. 提醒幼儿利用图画、符号表征等多种方式记录桑树的位置。
2. 小组成员分工合作,负责记录桑树不同的种植位置。

指导要点

教师指导幼儿在绘画时一定要按照记录纸上的数据准确画出桑树的位置、数量等。

活动延伸

建构区:尝试按照分布图建构立体的幼儿园桑树分布图。

(沈静雯)

七、区域活动　蚕丝承重实验（大班）

经验联结

在抽丝剥茧活动中，幼儿发现蚕丝具有韧性，在抽丝过程中被拉扯不易断裂。在教室环境布置中，幼儿也看到细细的鱼线、麻绳能够悬挂物品，由此对蚕丝能承受多大的重力产生了好奇。

活动目标

1. 通过操作实验，亲身感知单根蚕丝和多根蚕丝承受力的不同。
2. 对探索蚕丝承重力感兴趣，能把实验过程及结果记录下来。

活动准备

经验准备：幼儿有抽丝剥茧的经验，知道蚕丝有韧性。

工具和材料投放：蚕丝、雪花片、记录纸。

活动内容

1. 幼儿猜测一根蚕丝能承受多少个雪花片的重力。
2. 两名幼儿各执蚕丝的一端，其中一名幼儿将雪花片一一穿过蚕丝。
3. 幼儿记录一根蚕丝能够承受多少个雪花片的重力。

活动要求

幼儿在拉蚕丝时，不要用力拉扯，以免拉断蚕丝。

指导要点

教师指导幼儿将雪花片一个一个穿过蚕丝，先观察并确认蚕丝未断裂后，再穿下一个雪花片。

活动延伸

教师引导幼儿将几根蚕丝合并进行实验，观察承重力有怎样的变化。

活动附件

"蚕丝承重实验"记录表

"蚕丝承重实验"记录表1			
蚕丝数量	雪花片数量	我的猜想	实验结果

"蚕丝承重实验"记录表2			
蚕丝数量	重物数量	我的猜想	实验结果

(胡 娟)

活动叙事

⭐ 有彩色的蚕吗？（大班）

每到春天，幼儿园的养蚕活动都是孩子们最期待的。自从一叶一叶的蚁蚕来到了班级里，孩子们会天天去看这些蚕宝宝长大了没有，以及吃桑叶了没有。看着蚕宝宝一天天地变化，孩子们也用自己喜欢的方式记录下了蚕宝宝的成长过程。

一、一幅画引发的争议

在一次区域活动中，孩子们像以往那样，用绘画的方式记录着他们观察到的蚕宝宝。不一会儿，孩子们对轩轩的彩色蚕宝宝的画争论了起来。

诗诗说："蚕宝宝是白色的。"

小烨说："世界上没有彩色的蚕宝宝。"

贝贝说:"老师教我们做蚕宝宝的时候用的都是白色餐巾纸!"

诗诗说:"还用过白色颜料画过蚕宝宝呢!"

轩轩说:"不过,我真的不知道到底有没有彩色的蚕宝宝。"

在他们争论不下的时候,小烨迫不及待地来到老师面前,急切地问:"老师,有彩色的蚕宝宝吗?"

我们每天都要进行的蚕宝宝观察活动,其实蕴藏着许多的教育契机。基于经验,孩子们认为只有白色的蚕宝宝,没有彩色的蚕宝宝。但是,在现实生活中,其实是有彩色的蚕宝宝的。与其直接告知或以说教的方式去为孩子们解答,还不如为他们创造一次主动质疑、操作探究、验证猜想的机会。对于孩子们的问题,老师没有直接告诉他们答案,而是提议让他们自己尝试去寻找答案。

二、寻求帮助

（一）"科学妈妈"的一封"信"

到底有没有彩色的蚕宝宝呢？孩子们决定回去问一问自己的家人。第二天，孩子们就讨论了起来，这时豆豆拿出一张纸说："你们看，这是我和妈妈一起画的信。"小烨好奇地问："这封信能告诉我们答案吗？"豆豆自豪地说："我妈妈是科学老师，她什么都知道，当然能给我们答案喽！"听了豆豆的话，孩子们顿时来了兴致。

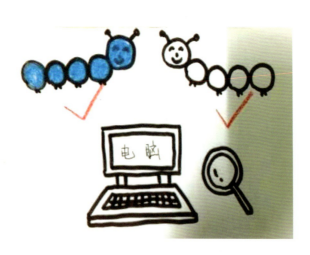

这样一封特殊的"信"，体现了"科学妈妈"的用心。同时，我们也相信孩子们能看懂这样一封特殊的表征"信"，因此让孩子们自己来解密。

轩轩说："有蓝色和白色两种颜色的蚕宝宝。"

贝贝说："画了电脑，这肯定是让我们上网查资料的意思。"

小烨指着放大镜问道："那画了放大镜是什么意思呢？"

豆豆补充说："放大镜是'搜索'的意思，电脑上就有这样的标记！"

在一个看似简单的询问家人的过程中，孩子们把课程带回了家，家长也参与其中，同时孩子们也学会了与家长有目的地进行交流和沟通。《3—6岁儿童学习与发展指南》提出"为幼儿创造说话的机会并体验语言交往的乐趣"。大班幼儿对画面及符号已经比较敏感了，他们能将平时的表征经验运用到解密这封"信"的过程中，做到学以致用，这比老师直接告诉他们答案或者豆豆直接转达答案更有价值。

（二）上网寻找答案

"科学妈妈"的"信"中提到了上网搜索，那么用什么软件搜索呢？怎么搜索？孩子们的经验也在老师的支持下一点点显现了出来。

萌萌说："老师，我知道，可以找'度娘'帮忙。"

轩轩问："'度娘'是谁？"

萌萌补充说："哈哈，我妈妈说不知道就找'度娘'，反正在电脑里会找到。"

网络上的一些信息已经进入孩子们的视野，但他们对网络的认知还是很粗浅的。因此，老师选择直接告知孩子们——"度娘"就是"百度"。既然孩子们提到了，那么老师就顺势而为。于是，老师打开了百度搜索，"要在框框里打字……打好字点按钮……会有图片，有字……"网页出现了很多彩色的蚕宝宝的图片，孩子们欢呼了起来："太神奇了，原来真的有彩色的蚕宝宝！"

在这次活动中，老师感受到了惊喜：一是孩子们已具备了一些网络意识；二是孩子们在寻求答案的过程中，能选择符合他们年龄段认知的搜图方式。在整个过程中，孩子们是主动的、愿意表达的。而老师能做的就是充分相信他们，做一个积极的旁观者和支持者。

孩子们看到彩色蚕宝宝的图片后，既惊喜又兴奋，又发起了对新问题的讨论：彩色的蚕宝宝是怎么来的呢？

三、蚕宝宝的变色实验

（一）可以给蚕宝宝染色吗？

看了彩色蚕宝宝的图片后，有的孩子产生了质疑："图片上蚕宝宝的颜色好像是涂上去的。"一下子，"涂色"这个话题被开启了。在进行了一番有关颜料是否有毒的争论后，孩子们决定用可食用色素尝试一下。

以防万一，孩子们选择把可食用色素放在蚕宝宝旁边，而不是直接涂在蚕宝宝身上。放置可食用色素一上午后，蚕宝宝的头沾上了蓝色色素，轩轩兴奋地叫起来："果然染上颜色了！"但是，贝贝想了想说："再等一等吧！"快放学的时候，孩子们又跑过去看蚕宝宝有没有染到更多的颜色，但发现还是没成为网络上彩色蚕宝宝的样子。轩轩有点失落地说："老师，好像用这样的方法不能变出彩色蚕宝宝！"

（二）蚕宝宝吃有色的水果可以变色吗？

在一次水果分享会上，孩子们吃了桑果后，嘴巴、手指上都染上了黑紫色的果渍。孩子们又有了新的想法：蚕宝宝吃有色水果可以变色吗？就这样，给蚕宝宝喂食有色水果的实验开启了。但经

过几次的观察后,孩子们发现水果上没有被咬过的痕迹,看来喂食有色水果也不可行。这时,轩轩说:"蚕宝宝爱吃桑叶,它会喜欢有颜色的叶子吗?"轩轩的话燃起了大家的希望:"对,也许就是因为吃了有色的叶子,蚕宝宝才变色的!"

(三)吃有色的树叶、花朵行不行?

于是,孩子们再次出发,把在幼儿园找到的有色叶子和偶尔得到的彩色花朵一起喂给蚕宝宝,并进行了观察记录。他们在几次的观察中发现:蚕宝宝对他们找到的有色的叶子、花都不感兴趣。轩轩感叹道:"看来蚕宝宝还是最喜欢吃桑叶!"

3—6岁的幼儿有着强烈的好奇心和求知欲，他们善于发现问题，喜欢质疑，教师应当积极保护幼儿的质疑品质，并提供适当的支持，增强他们进行自主探索的信心。

虽然这三次尝试失败了，但是孩子们并没有气馁，他们依然保持积极的心态。我想这正是心理学家马斯洛所说的"挫折未必总是坏的，关键在于对待挫折的态度"。具有坚强的意志、良好的生活态度才能使孩子们一生受益。

蚕宝宝变色失败了，那么到底该怎么办呢？这时，轩轩提议再次联系"科学妈妈"，问一问怎么样才能让蚕宝宝变色。

四、有科学的饲养方法吗？

这次，小朋友们通过微信给豆豆妈妈留了个言：蚕宝宝到底是怎么变色的呢？豆豆妈妈发来了一段语音。豆豆妈妈进行科普后，孩子们才知道：蚕宝宝之所以会变色，是因为吃了一种人工饲料。

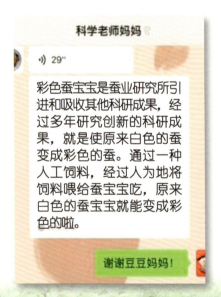

（一）购买彩色饲料

听完豆豆妈妈的解答后，孩子们又有了新的问题：在哪里能获得让蚕宝宝变色的人工饲料呢？经过又一轮的生活经验大讨论，大家一致决定：从淘宝购买人工饲料。这让老师再一次惊喜到：原来孩子们还知道这种智能的生活方式。

（二）一起来淘宝购物

怎么通过淘宝购买人工饲料呢？

豆豆说："只要在上面输入'彩蚕饲料'就可以了！"

萌萌说："我知道有一种不需要打字的方式。"

贝贝问："不打字我们怎么搜索？"

萌萌说:"我妈妈经常拍个照片就能够出现她想要的了,就是按框框里的那个照相机图标。"

经过一步步的指点,孩子们成功购买到了彩蚕饲料。

这次的淘宝购物表明,孩子们对网络购物的认知还是比较丰富的,甚至远远超出老师的想象。在这个过程中,孩子们从用百度到用淘宝,从进行文字搜索到进行图片搜索。这样的经验对今后开展幼儿活动又有了新的启发。

五、蚕宝宝变色啦!

(一)应该怎么喂彩色饲料呢?

彩色饲料到了,孩子们充满好奇地看着这一盒盒颜色不同的人工饲料。

琪琪说:"这像我吃过的一种果丹皮"。

小烨说:"我也吃过,但蚕宝宝会不会直接吃呢?"

菲菲摸了摸饲料说:"这么硬,蚕宝宝又没尖尖的牙齿。"

嘉嘉说:"它也许喜欢饲料粉吧!"

既然孩子们有不同的想法,那么老师就引导他们按照自己的意愿分组试试、看看蚕宝宝到底喜欢吃什么样的饲料。

第一次探索:孩子们按照自己的想法,分组尝试用不同形态的饲料喂蚕宝宝。

小组	方　法	图　片
第一组	嘉嘉用剪刀把饲料剪碎，贝贝继续用剪刀把嘉嘉剪碎的饲料压碎，把饲料变成粉末。	
第二组	诗诗把饲料放在水里泡一泡，先让饲料变软，再把它捣成面糊状。糖糖说："我妹妹吃的米粉就是这样的。"	
第三组	小烨直接把饲料放在了叶子上。	
第四组	轩轩把饲料泡软后，再把饲料涂在叶子上，说："我在桑叶上涂一层饲料酱。"	

实验后发现，第一组、第二组、第三组的蚕宝宝都没有吃饲料，第四组的蚕宝宝在吃桑叶的同时把饲料一起吃了。

看到蚕宝宝吃了"涂酱"的桑叶后，孩子们很兴奋，于是他们以这样的方式连续喂养了两天，但蚕宝宝还是没有变色。这是怎么回事呢？这次，孩子们提议问问商家："为什么我们的蚕宝宝吃了彩色饲料后，还是没有变色？"

（二）蚕宝宝变成紫色啦

老师和孩子们带着问题在电脑上直接请教商家，商家热情地回复了孩子们。根据商家提供的信息，孩子们梳理了以下四个要点：要挑选超过3厘米的蚕宝宝；蚕宝宝的数量不要太多，3~4条为宜；

不同颜色的饲料不能混合喂养；每次只喂一片"涂酱"叶子，保证蚕宝宝吃完再喂下一片。如果按照这样的方式喂养，蚕宝宝在第二天就会变色。听了商家的建议后，孩子们很兴奋，这次他们充满了信心。

第二次探索：孩子们先用尺测量，寻找超过3厘米的蚕宝宝，然后分别选取了3~4条，放在4个盒子里，最后在一片桑叶上"涂酱"并喂给蚕宝宝吃，等蚕宝宝吃完再放下一片。

第二天，孩子们兴奋地发现吃紫色饲料的蚕宝宝变成紫色的了。原来这个饲料真的可以让蚕宝宝变色。其他的蚕宝宝在这样的喂养过程中，虽然没有成功变成黄色、红色、蓝色，但是它们都很健康地成长着，最后也成功结茧了。孩子们为这一次的尝试而感到喜悦，甚至很有成就感。

对于网购的彩色饲料，商家是附送使用说明的，但老师并没有直接把饲养方式告诉孩子们，而是让孩子们大胆地去猜想和实践，并自己探究如何科学喂养才能让蚕宝宝变色。虽然这一次只有紫色的蚕宝宝变色成功了，但是在探究的过程中孩子们的有益经验得到了拓展，能承受挫折、失败后继续坚持、勇于探究等都是让孩子们受益一生的品质。

【幼儿的声音】

　　这一次特殊的养蚕活动，让孩子们体验到了成功的喜悦，同时也使孩子们生发出继续探索的需求："我想看到彩色蚕宝宝结出彩色的茧子。""有了彩色的丝，我们是不是就能马上做出彩色的衣服？""我还想养出绿的、黄的、蓝色的蚕宝宝。""会不会有彩虹色的蚕宝宝呢？"……孩子们天马行空的想法为今后的养蚕活动埋下了伏笔。

【教师的感悟】

　　这次的活动是基于孩子们的问题"有没有彩色蚕宝宝"而开展的探索活动。孩子们在一幅画里找到了他们感兴趣的蚕宝宝话题。兴趣是最好的老师，为了找到答案，孩子们会坚持观察、探索，在大自然这本活教材里自由寻找想要了解的事物，并勇于探索。他们收获的是思考和勇敢。

　　教师把空间最大程度地还给幼儿，尊重他们，在他们需要的时候提供必要的支持，成为他们的支持者、倾听者、引导者。紫色蚕宝宝的出现，让孩子们掌握了更多有关养蚕的"秘密"，等到下一个养蚕季节，我们会再次出发，探究更多彩蚕的"秘密"，让孩子们时刻保持一颗好奇心！

（沈静　张艳）

⭐ 独一无二的"桑树身份证"（大班）

一、幼儿园里有多少棵桑树？

一天，孩子们正在桑树林玩游戏。突然，天天对馨馨说："你猜，桑树林里有多少棵桑树？"馨馨托着下巴想了想说："我猜有20棵吧。"一旁的凯凯听见了，不赞同地说："我猜有50棵。"天天说："哇，这么多啊！那你们知道幼儿园里有多少棵桑树吗？"凯凯激动地说："100棵，我猜有100棵。"天天摇着头不赞同地说："你们都是瞎猜的，我们去数数不就知道啦！"孩子们对幼儿园里的桑树数量展开了讨论。

桑树是幼儿园里品种、数量最多的树木。孩子们已有上学期数树的经验，但是并没有按树的种类弄清楚具体每一类树的数量。这次，孩子们对幼儿园里桑树的数量产生了兴趣，老师觉得这既是上次活动的延伸，又是一次新的课程契机。因为有数树的经验，所以这一次孩子们直接商量着开始分工合作啦！

二、数桑树啦！

（一）分组、分区域数一数

孩子们有数树的经验，知道树木都集中在幼儿园内的北操场、丝路园、百果园、百花园、户外长廊和操场6个区域，于是便分成了6个组。但百果园、百花园、户外长廊和操场都没有桑树，于

是6个组又合并成了2个组。孩子们在各自小组长的带领下开始数桑树，但很快问题出现了。天天说："北操场有18棵桑树。"宁宁一听，马上反驳："不对，是17棵。"第1组的小朋友在数桑树的结果方面产生了分歧，第2组也出现了同样的问题。怎么会这样呢？原来是幼儿园里的桑树太多了，孩子们数着数着就数错了。那么，怎样才能数清楚有多少棵桑树呢？

当孩子们在活动中遇到问题时，老师对问题的每一次识别、回应都是课程意识的体现。于是，当老师发现桑树的数量已经远远超出孩子们点数的能力范围时，便立即追问："有什么办法可以在数树的时候帮助我们记住数了几棵呢？"老师的提问很快得到了回应。凯凯说："像上学期一样给数过的树做个标记吧。"凯凯的提醒让孩子们回忆起上学期数树的经历，发现做标记的确是个好办法。

（二）分区域、做标记数一数

做标记数桑树，做什么标记呢？孩子们有做标记数树的经验，但是这一次又有了新的想法。宽宽说："绑丝带数太慢了。"轩轩说："贴数字就挺好。"凯凯说："黏贴纸有点不黏。"欣怡说："那就用白纸好了，写上数字，背面贴上双面胶，肯定能粘住。"就这样，孩子们决定一起行动，数一棵桑树贴一个标签，最后贴到几，就有几棵桑树。最后，孩子们发现幼儿园里总共有79棵桑树。

第二次数树时，孩子们总结了之前数树的经验，选择了一个他们认为最好的办法去实践。在这个过程中，孩子们通过讨论、分工合作、实践去解决问题。

三、我来介绍桑树

　　数清楚幼儿园里的桑树后,孩子们难掩心中的激动和兴奋,聚在一起讨论着看到的桑树:"幼儿园里有79棵桑树,有的长得很高,有的树枝都垂到了地上,有的桑叶和我的脸一样大……"关于桑树的种种,他们也迫不及待地想要告诉更多的朋友。看到孩子们萌发出介绍桑树的想法,老师自然是支持孩子们的。于是,孩子们来到其他班级,开展了一次"桑树分享会"。萌萌说:"幼儿园里有79棵桑树,有的长得很高,还长了桑果。我最喜欢21号桑树。"宽宽说:"我想介绍51号桑树,它在山坡上,长得最高,叶子很大、很大。"几个孩子轮番上场,兴奋地介绍着,但是坐在下面听的小朋友似乎在状况之外。大4班的琪琪说:"你说的是哪一棵桑树啊?在哪里?我没见过。"喵喵说:"我知道山坡上有很多桑树,不过不知道你说的是哪一棵。"

　　就这样,"桑树分享会"在孩子们的吵吵嚷嚷中落下帷幕。孩子们发现尽管自己介绍得很清楚,但是坐在下面听的小朋友一脸茫然。为什么会这样呢?大家围绕这个问题进行了讨论。原来是因为需要介绍的信息太多了,孩子们没有准备记录纸,没有做桑树的统计表,只能靠说一说,其他小朋友根本听不懂。那么,怎么解决这个问题呢?于是,新一轮的讨论开始了。

四、给桑树做张"名片"

　　"桑树分享会"上出现的问题引起了大家的关注:怎样才能让其他小朋友都听懂呢?有人提议:"去桑树林边看边讲。"有人反驳道:"那太不方便了,这么多小朋友没办法都去。"最后,他们讨论出的结果是:把想要介绍的桑树画下来,可以画上桑树的编号、位置等。在分享时,孩子们又有了新发现。宽宽说:"你们看,这像不像一张贺卡呀?"凯凯说:"不像,我觉得像名片。"天天说:"名片可不是这样的。"宽宽说:"那名片是什么样啊?我要给桑树重新设计一张名片。"

第二天，几个孩子就带来了名片。可是，天天带来了一张奇怪的"画"。天天说："我们家没有名片，只有一张有点像名片的身份证。我还和妈妈一起设计了一张桑树的'身份证'。"哇！这可太神奇啦！天天的画马上引起了孩子们的围观。这张"身份证"好像比名片还好，但"身份证"是什么呢？萌萌说："我见过爸爸的身份证，是白色的，上面有爸爸的照片。"宽宽说："我妈妈也有，旅游的时候爸爸妈妈会用到。"宁宁说："我奶奶也有，去银行的时候我看见奶奶拿着呢。"

有关"身份证"的话题在班里引发了一波讨论热潮。很多孩子都见过爸爸妈妈的身份证，但是对于身份证是什么，身份证上有什么，身份证上的信息代表什么、有什么用等，孩子们还是一知半解的。看到孩子们对身份证如此感兴趣，老师决定给予支持，拿出自己的身份证，给孩子们答疑解惑，加深他们对于身份证的经验认知，激发他们对身份证的探索兴趣，同时给到他们一种科学的认知。

五、身份证是什么样的？

老师拿出了自己的身份证，孩子们一下子围了过来。

萌萌指着身份证上的照片说："老师，这是谁啊，是你吗？"

老师说："是啊，这是我的照片。"（照片）

欣欣说："老师，我爸爸妈妈说身份证最上面有名字的。"

老师说："对呀！你看，这就是老师的名字。"（姓名）

宽宽说："老师，这上面有数字，数字旁边还有字。这是什么意思啊？"

老师说："这是老师的生日。"（生日）

宽宽又说："那这些长长的数字呢？我妈妈身份证上也有，是一样的吗？"

老师说："不一样，这是身份证号码，每个人都不一样哦。"（身份证号）

天天说："老师，这个字我认识，是'吴江'，吴江是不是你住的地方啊？"

老师说："是的呢，这是我家的地址。"（地址）

在这次的互动中，老师发现孩子们对于信息的捕捉是非常敏感的，他们看到了数字、图像、文字，仿佛任何信息都逃不过他们敏锐的观察。当孩子们对于知识的获取"跳一跳能够着"时，老师要在孩子们你问我答的过程中捕捉到正确的信息；当孩子们对于知识的获取"跳一跳够不着"时，老师要以自身

经验来支持孩子们的探究。虽然在成人眼里，身份证对于孩子来说似乎是难以认知的，但是在你问我答的师幼互动中，身份证的认知问题以一种游戏化、生活化的方式被很好地解决了。

六、桑树的"身份证"是什么样的？

在孩子们了解了诸多关于身份证的信息后，老师要思考如何引导孩子将身份证上的信息与桑树的信息进行对接，引发孩子们产生对桑树的"身份证"的更多联想。为此，我们开展了一次"桑树的'身份证'是什么样的？"的谈话活动。

老师问："桑树可以有身份证吗？"

宽宽说："可以呀。"

老师又问："桑树的'身份证'上要写些什么呢？"

天天说："写上名字——桑树。"

宽宽补充道："要加上桑树的编号，这样名字就不一样了。"（姓名）

萌萌说："身份证上都有照片，我们也要给桑树拍一张。"

欣欣说："可是我们没有照相机。"

萌萌说："那就画一个吧。"（照片）

宁宁说："有的桑树长桑果了，肯定是女孩子。"（性别）

凯凯说："身份证上还有地址，桑树的地址写什么呀？我可不会写那么多字。"

宽宽说："地址就是桑树的家。我的桑树在山坡上，可以画个小山坡。"（地址）

老师又问："身份证都有身份证号码，桑树需要吗？"孩子们异口同声地说："要，我们都给桑树贴了编号，可以写编号。"（身份证号码）

在孩子们了解和收集到诸多关于身份证的信息后，老师要思考如何引导孩子们将身份证上的信

息与桑树的信息进行对接，引发孩子们对桑树的"身份证"产生更多的联想。老师尝试以我问你答的方式引导孩子们将两者进行联结，在讨论中将问题一个接一个地抛给孩子们，引导他们去讨论、去思考、去发现，对经验进行有效迁徙，最终确定桑树"身份证"上的内容。

七、制作桑树"身份证"

（一）文字不会写怎么办？

在商量好桑树"身份证"上的内容后，孩子们便开始给自己最喜欢的一棵桑树设计"身份证"。可是，没一会儿，凯凯大声喊道："老师，我不会写'桑树'这两个字。"这时，越来越多的小朋友表示自己不会写字，遇到了难题。老师问："那需要我帮忙写吗？"馨馨一听，拒绝道："不行，这是我设计的身份证，我要自己写。"凯凯说："老师，那你写黑板上，我们照着写。"

大班的孩子已经初步接触了前书写，认识或者会模仿写一些文字。当孩子们想出办法请老师帮忙，老师自然乐意帮助。于是，老师将"桑树"两个字写在黑板上，让不会写的孩子模仿"画字"，再写上桑树的编号，问题很快就解决了。

（二）太多信息写不下怎么办？

孩子们解决了文字不会写的问题，又遇到了新问题。宁宁说："画不下了，怎么办？"这时，班上的"智多星"宽宽提议道："可以用二维码呀！"二维码？什么是二维码？新问题又出现了。凯凯说："我知道，妈妈的手机里有。"天天说："饭店里有，妈妈扫一扫就可以付钱。"

随着社会的发展，二维码普遍存在于孩子们的生活中。那么，孩子们对二维码了解多少呢？于是，老师请孩子们收集生活中的二维码，找一找哪里有二维码，以及探索二维码是用来干什么的，在丰富孩子们对二维码的认知的同时寻找解决问题的方法。

（三）什么是二维码？

二维码到底是什么呢？有什么用呢？第二天，孩子们迫不及待地和朋友们分享自己的发现。凯凯说："我在小吃摊上找到了二维码，扫一扫可以付钱。"萌萌说："我在名片上找到了二维码，扫一扫可以加好友。"天天说："我在小1班的主题墙上也看到了二维码，扫一扫可以看到小朋友画的画。"

二维码在我们生活中的应用十分广泛，利用二维码可以购物、下载电子优惠券、进行地图导航、参与抽奖活动等。那么，二维码可以储存桑树的信息吗？

（四）把这么多的桑树信息放进二维码里行不行？

在知道了二维码的用处后，孩子们迫不及待地讨论着能不能把这么多的桑树信息放进二维码里。有的说行，有的说不行。老师提醒孩子们与其争论，不如亲自去尝试。宁宁说："可是，二维码是怎么做的？"凯凯说："我们请老师帮忙上网查一查。"其他孩子说："可以问问小1班的沈老师。"于是，师幼一起上网寻找制作二维码的方法，也请教了小1班的电脑高手沈老师，原来真的可以把文字转换成二维码。只要在百度输入"二维码在线生成"，然后把字打进对话框，点击转换二维码就可以了。那么，孩子们成功了吗？

（五）扫一扫，我们成功啦！

二维码制作好后，孩子们迫不及待地请老师拿出手机扫一扫。天天说："哇！真的有字，79，79棵桑树就是我们数的。"宽宽说："我试试，我认识字。"萌萌说："我们太厉害啦！我要告诉我的朋友们，让他们也来扫一扫。"孩子们欢呼着"成功啦！成功啦！"喜悦之情充满整个教室。

其实在制作二维码的时候，孩子们是遇到了一些难题的。他们虽然知道二维码的一些用处，但是制作二维码这件事离孩子们的生活太遥远了。所以，老师选择一种开放的方式，让孩子们自己上网去找或去请教别人，希望孩子们在形成对二维码的正确认知的同时，学会交往并获得受益一生的生活技能，包括怎么找资料、怎么去寻求帮助，以及要亲自去寻找答案等。这可能比制作二维码更重要！

桑树的"身份证"制作完成了，孩子们把"身份证"送到了桑树的身边，来来往往的弟弟妹妹们，无不好奇地围过来看。孩子们给他们介绍他们数桑树、制作"身份证"的故事，让教师扫一扫二维码，展示他们的介绍。

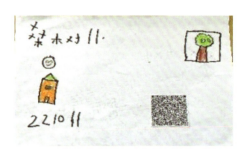

至此，孩子们与桑树的故事临近尾声，孩子们也要从幼儿园毕业啦！这张"身份证"或许就是他们留给幼儿园，留给弟弟妹妹们，留给桑树最好的毕业礼物。

【教师的感悟】

一是重视好奇心。幼儿天生就具有好奇心，他们有时会自己探索，有时则不停地向成人提出问题。当幼儿在对桑树数量、对身份证产生兴趣时，及时抓住幼儿的好奇心变得尤为重要，这也成为课程探索能够进行下去的重要契机。

二是支持主动学习。幼儿的学习是一个主动建构的过程。在桑树"身份证"的制作过程中，幼

儿总是会遇到这样或那样的问题。正是基于问题，有了任务意识的驱动，幼儿才有了主动学习、探究的动力。教师要尽可能地为幼儿提供各种适宜的材料，创造让幼儿主动学习的机会，满足幼儿的探究需求，展示幼儿的学习成果。

三是重视经验。幼儿个人的经验和体验在他们的探索过程中发挥着重要的作用，他们的思考和回答都是基于自己的生活经验。所以，在经过自己的实际操作、亲身体验之后，他们能够数清楚桑树，认识身份证，甚至寻找到制作二维码的办法，很好地将已有经验转化为新经验。

（沈静雯　张艳）

#

构建适合儿童发展的学前教育课程并努力落实，是实现幼儿园培养目标的重要途径，也是贯彻落实《3—6岁儿童学习与发展指南》的重要途径，更是实现学前教育高质量发展的重要途径。

"什么是幼儿园课程？""幼儿园课程在哪里？""如何追随儿童的兴趣设计课程？""如何将身边的资源开发成为促进幼儿发展、让幼儿获得有益经验的活动？"这些一直是幼儿园教师面临的问题和挑战。吴江区各幼儿园根据自身实际情况，开启了园本提升、内涵发展、课程建设的实践探索征程。

十年课程实践，得到了广大幼儿园教师、家长、领导、专家等的关心和支持。十年来，吴江区绘制了幼儿园课程改革蓝图，组建了"学前教育发展共同体"，成立了省内外专家指导团队。在专家沉浸式、伴随式、持续性的指导下，各种问题逐渐有了答案，困惑渐次解开，幼儿园找到了从身边资源入手，追随幼儿兴趣，开展多样化活动，助力幼儿积累有益经验，促进幼儿全面发展的课程建构路径，并在国家级、省级、市级的教学成果奖评选中频频获奖。

本套丛书是吴江区各幼儿园课程探索的缩影，共十三册，由吴江区鲈乡幼儿园鲈乡园区、鲈乡幼儿园越秀园区、平望幼儿园、盛泽实验幼儿园、芦墟幼儿园、黎里幼儿园、梅堰幼儿园、铜罗幼儿园、青云幼儿园、桃源幼儿园、北厍幼儿园、舜泽幼儿园、横扇幼儿园、八坼幼儿园这十四所幼儿园合作编写。本套丛书从策划到呈现，离不开负责各册编写的幼儿园教师的实践智慧和无私分享，离不开吴江区其他幼儿园教师的支持和帮助，更离不开虞永平、张春霞、张晗、张斌、苗雪红、胡娟、杨梦萍等团队专家长期以来的精心指导和鼓励。在丛书编写过程中，苏州大学出版社的领导、编辑给予了老师们极大的肯定，虞永平教授更是在百忙中抽出时间为本套丛书作序，张春霞老师在编写中全程悉心指导，在此一并表示衷心的感谢！

　　生逢盛世，奋斗正当时。我们处在大有可为的新时代，在党的二十大精神指引下，吴江幼教人必将扬帆再起航，继续深耕幼教这块沃土，为实现学前教育高质量发展而努力前行！

钱月琴

2023 年 5 月